Bibliografische Information der Deutschen Nationalbibliothek:

Die Deutsche Bibliothek verzeichnet diese Publikation in der Deutschen National-
bibliografie; detaillierte bibliografische Daten sind im Internet über http://dnb.d-
nb.de/ abrufbar.

Impressum:

Copyright © 2016 GRIN Verlag, Open Publishing GmbH
Druck und Bindung: Books on Demand GmbH, Norderstedt Germany
ISBN: 9783668387065

Dieses Buch bei GRIN:

http://www.grin.com/de/e-book/351182/einfuehrung-in-die-unternehmensfuehrung-
vorlesungsmitschrift-erstes-semester

Mike G.

Einführung in die Unternehmensführung (Vorlesungsmitschrift erstes Semester)

GRIN Verlag

GRIN - Your knowledge has value

Der GRIN Verlag publiziert seit 1998 wissenschaftliche Arbeiten von Studenten, Hochschullehrern und anderen Akademikern als eBook und gedrucktes Buch. Die Verlagswebsite www.grin.com ist die ideale Plattform zur Veröffentlichung von Hausarbeiten, Abschlussarbeiten, wissenschaftlichen Aufsätzen, Dissertationen und Fachbüchern.

Besuchen Sie uns im Internet:

http://www.grin.com/

http://www.facebook.com/grincom

http://www.twitter.com/grin_com

Einführung in die Unternehmensführung

Die vorliegende Arbeit wurde im Zuge des Vorlesungsmoduls „Einführung in die Unternehmensführung" anhand von Mitschriften, Diskussionen und den Vorlesungspräsentation erstellt. Es dient u.a. der Heranführung an das Thema BWL und als Start in ein Wirtschaftsstudium. Die Vorlesung wurde unterteilt in strategisches Management, operatives Management und Marketing, was sich entsprechend in der folgenden Arbeit widerspiegelt.

> **Allgemeine Infos.**
> BWL ist das größte Massenfach seit Beginn der Hochschule.
> Gesinnung gegenüber Betriebswirten war schon immer negativ.
> Gesetze im AT, Tempelreinigung, Evangelien (es ist einfacher ins
> Himmelreich zu kommen als ein Kamel durch ein Nadelöhr), in
> der Antike war Wirtschaft ein nebensächlicher Zeitvertreib.

Die 3 Kerne des Denkens von BWLern (die 3 H's).

- **(1) Haushalten – Sorgsamer Umgang mit knappen Ressourcen.**

- **Haushalten** bedeutet sinnvoller / sorgsamer Umgang mit knappen Ressourcen.
  - Verwendet bei Controlling (Budgetplanung), Rechnungswesen (Gegenüberstellung von Kosten und Erlösen), Produktion (beste Maschinenbelegung bei Kapazitätenengpässen), Entscheidungstheorie (bestmögliche Entscheidungen treffen).
  - Wichtigste Punkte des BWLers sind das **ökonomische Prinzip** und das **Marginaldenken**.

- **Das ökonomische Prinzip.**
  - Ressourcen sind nur begrenzt verfügbar, deshalb strebt man Ertrags-, Nutzen- oder Gewinnmaximierungen u.a. durch Vergleichsprozesse an.
    - Bauer wird begrenzt verfügbaren Dünger dazu nutzen eine Getreidesorte zu pflanzen, welche den höchsten Ertrag / Nutzen / Gewinn einbringen wird.
    - Wirtschaftliche Akteure verfolgen individuelle Ziele und Präferenzen, welche mit beschränkter Menge an Informationen (über Umfeld, Trends etc.) umgesetzt werden.
  - Das Ökonomische Prinzip ist ethisch blind, stellt nur Fragen darüber was einem selbst nutzt.
    - Nutzen bzw. Schaden für andere wird entweder ignoriert oder nicht abgewogen.
    - Streben nach größt-möglichen Nutzen für einem selbst, Andere sind egal.
    - Angst der Unternehmer, dass Wettbewerbsnachteil, wenn Beachtung ethischer Maßstäbe, weil Konkurrenz nicht beachtet.

- **Wirtschaftlichkeitsprinzipien.**
  - Wenn Input (Kapital, Mitarbeiter etc.) fix ist, dann kann nur Output erhöht werden (**Maximum-Prinzip**).
  - Wenn Output (Fertigungsvorgaben) fix ist, dann muss Input verringert werden (**Minimum-Prinzip**).
  - Messung von Input und Output kann entweder mengenmäßig oder wertmäßig erfolgen.
    - Wertmäßige Betrachtung liefert vergleichbare Ergebnisse.

- **Differenzierung Effektivität ↔ Effizienz.**
  - **Effektivität**: Höhe des Outputs (Gesamtmenge, die produziert wurde).
  - **Effizienz**: Entspricht der Produktivität, günstiges Verhältnis aus Output und Input.

- **Marginaldenken.**
  - **Abnehmender Grenznutzen** // **1. Gossen'sches Gesetz**: Wird bestimmter Punkt erreicht, wird jede weitere Personalerhöhung nicht so effizient sein wie „alter" Personalbestand.
  - **Marginaler Erlös**: Zusätzlicher Erlös pro neuer Arbeitskraft.
  - **Marginale Kosten**: Zusätzliche Kosten pro neuer Arbeitskraft.
  - **=> Verhältnis ist nicht proportional!!**
  - **Bsp. Personalzuwachs.**
    - Fixkosten pro neuem Angestellten und variable Kosten.
    - Nutzen für einen neuen Angestellten sinkt mit jedem neuen Angestellten.

- **Grundstruktur einer Gewinn- und Verlustrechnung (GuV).**
  - Sales (Umsatz).
  - - Cost of Goods Sold (COGS; Wareneinsatz).
    = Gross Profit (Bruttogewinn).
  - - Selling, General and Administrative Expenses (SGA; Vertriebskosten).
    = EBIT (operativer Gewinn).
  - - Interest and Taxes (Zinsen und Steuern).
    = Net Income
  - Verhältnis von COGS zu SGA macht Marginaldenken aus.
  - **Gewinn- und Verlustrechnung** (GuV) ist neben der Bilanz ein Bestandteil des Jahresabschlusses (§ 242 Abs. 3 HGB).
  - Kleinstkapitalgesellschaften können auch eine verkürzte GuV darstellen (§ 275 Abs. 5 HGB).
  - In der GuV müssen auch die Vorjahreszahlen enthalten sein (§ 265 Abs. 5 HGB).
  - **Bruttoprinzip**: Einzelne Aufwands- und Ertragsarten sind vollständig und unsaldiert auszuweisen.
  - § 275 Abs. 1 HGB schreibt Staffelform der GuV bei Betrieben ohne natürliche Person als Vollhafter gemäß des Gesamtkostenverfahrens oder Umsatzkostenverfahrens vor.
    - **Gesamtkostenverfahren**: Eine der wählbaren Formen der GuV (§ 275 Abs. 2 HGB).
    - Kosten und Erlöse einer Periode werden mit Bestandsänderungen an unfertigen Bauleistungen gegenübergestellt.
    - **Vorteile**: Umsatzerlöse werden um Bestandsänderungen an unfertigen Leistungen korrigiert und somit genauer, Ursprung und Verbrauchsfaktoren des Aufwandes werden gezeigt.
    - **Umsatzkostenverfahren**: Eine der wählbaren Formen der GuV (§ 275 Abs. 3 HGB).
    - Betrachtung der reinen Umsatzerlöse, also die Summe der Erträge von allen abgesetzten Produkten sowie deren Aufwendungen.
    - Veränderungen der Kapital- und Gewinnrücklagen können erst nach Pos. 16 ausgewiesen werden.

- **Berechnung der Gewinnfunktion.**
  - Gewinnfunktion $\pi\,(x) = gm\% * S\,(x) - c_{sp} * x$
  - Gewinnfunktion muss abgeleitet werden: $\pi'\,(x) = gm\% * dS/dx - c_{sp}$
    $<=> dS\,/\,dx = c_{sp}\,/\,gm\%$
  - Wobei gm% = Bruttogewinn, $S\,(x)$ = Umsatz, c sind Kosten, π = Gewinn.
  - Kosten der Vertriebsmannschaft ergeben sich aus den Personalfixkosten und variablen Kosten.
  - Ableitung der Kosten ergibt die variablen Kosten, welche unabhängig von Arbeiteranzahl ist.
  - Der Punkt, an welchem sich Ableitung der Gewinnfunktion und Personalfixkosten schneiden gibt die optimale Menge an Vertriebsarbeitern an (Folie 30).

- **(2) Handelswissen – Vertrieb der erstellten Produkte / Dienstleistungen.**

- **Grundlegendes.**
  - **1. Prämisse der Wirtschaft**: Bedürfnisse der Menschen können niemals völlig gestillt werden.
  - **2. Prämisse der Wirtschaft**: Güter zur Bedürfnisbefriedigung sind nur begrenzt verfügbar.
  - Knappheit der Güter macht Menschen egoistisch, brutal, grausam, etc.
    - Lebensraumideologie der Nazis, Kapitalbedarf in NICs.
  - **1898** Erste Handelshochschulen in Köln, Leipzig, Wien und St. Gallen.
    - Business Schools wurden bereits **1881** in Philadelphia gegründet (Wharton).
  - Eugen Schmalenbach hat in DE Handelswissenschaft zur BWL gemacht.
    - Früher Uniabschluss = Diplom-Kaufmann; Fachhochschulabschluss = Diplom-Industriewirt.
  - **Beispiele für Handelswissen im BWL-Studium.**
    - Marktwirtschaft (Funktionsweise der Märkte).
    - Makroökonomie (Außenhandel).
    - Marketing (Preisbildungsprozess).
    - Vertriebs (Handel als ein möglicher Distributionskanal).

Archaisches Wirtschaften.
Handeln basiert auf Tausch, in Steinzeit Autarkie, Genügsamkeit, keine Vorratsproduktion, keine Kapitalakkumulation, Arbeit und Leben wurden nicht getrennt.

  - Handelsmarketing (Geschäftsmodelle von Händlern).
  - Fremdsprachen (Verhandlungssicherheit in internationalen Geschäften).
  - Entrepreurship (Digitale Geschäftsmodelle basieren auf Handelsmodellen (Zalando)).
  - **Reziprozitätsprinzip**: Leistung wird nur erbracht, wenn anderer Handelspartner eine entsprechend vereinbarte Gegenleistung erbringt.

- **Theorien der Kostenvorteile.**
  - **Theorie der absoluten Kostenvorteile nach Adam Smith.'**
    - Spezialisierung der Länder auf jene Güter, welche sie am billigsten produzieren können.
    - Handelshemmnisse abbauen, damit Güter supranational gehandelt werden können.
      - → Verspricht mehr Wohlstand als Produktion aller benötigten Rohstoffe im Heimatland.
  - **Theorie der komparativen Kostenvorteile nach David Ricardo.**
    - Gegenseitige Produktionsabsprachen mehrerer Länder versprechen Vorteile für alle Beteiligten.
    - Betrachtung der <u>relativen</u> Vorteile: Frankreich produziert absolut weniger Autos und Maschinen als Deutschland, ist jedoch komparativ weniger schlecht in der Produktion an Autos als an Maschinen.

Produktion	D.	F.
Autos	30	20
Maschinen	40	7
Jahresprod.	70	27

    - Deutschland produziert mehr Maschinen als Autos, sodass ein Vorteil für beide Seiten entstehen würde, wenn Deutschland Maschinen für Frankreich und sich selbst produziert und Frankreich Autos.
      - → Obwohl Frankreich in beiden Bereichen schlechter ist als Deutschland, hat Deutschland einen absoluten Vorteil durch die Spezialisierung.

Produktion	D.	F.
Autos	-	40
Maschinen	80	-
Jahresprod.	80	40

- **5 Bereiche der Arbeitsteilung.**
  - Arbeitsteilung in Abteilungen und zwischen Abteilungen.
    - → Visible Hand (Kontrolle / Steuerung durch Manager).
  - Arbeitsteilung zwischen Unternehmen, Branchen und nationalen Volkswirtschaften.
    - → Invisible Hand.

- **(3) Herrschaftswissen – Organisation als Herrschaftsinstrument.**

- **Grundlagen.**
  - **Verlagssystem**: Verleger gibt Arbeiter Rohstoffe und Maschinen und kauft Fertigware ab.
    - → Neuartiges Abhängigkeitsverhältnis der Arbeiter zum Verleger „legitimiert" Ausbeutung.
  - 1. Industrielle Revolution in England durch Dampf- und Kohleenergie.

- Fabriksystem, neuer Arbeitstakt und Lohnarbeiterschaft entstand.
  - 2. Industrielle Revolution (1840 – 1950) wird auch als **Corporate Revolution** bezeichnet.
    - Viele Unternehmen werden gegründet und wachsen rasant an.
    - Selbstständige und Teilzeitarbeitskräfte werden zu Angestellten.
    - Führung der Mitarbeiter gemäß des Einliniensystems durch Manager, da Unternehmensführung nicht so viele Menschen steuern konnte.
    - **Führungsspanne**: Anzahl der Untergebenen eines Managers.
    - 1895 gibt es in Landwirtschaft weniger Beschäftigte als in Industrie und Handel.

- **Freiheit in großen Unternehmen.**
  - Sind **Arbeitnehmer** frei, wenn sie knechterische Verträge unterzeichnen?
    - Freie Wahl zur Annahme oder Ablehnung des Vertrags wurde nicht eingeschränkt.
    - Hunger, Armut und Elend schränken Freiheit sehr wohl ein.
  - Verhalten sich **Manager** in ihrer freien Entscheidung immer optimal für das Unternehmen?
    - Politiker müssen demokratisch gewählt werden, Manager werden vom Aufsichtsrat gemäß der Kapitaleinlage bestimmt → Moderne Form der Timokratie.
    - Manager haben ein geringes Risiko, Möglichkeit viel Geld abzuzweigen steht Ruin des Unternehmens gegenüber, welches ihnen nicht gehört.
      - Unternehmensführung haftet, opportunistisches Handeln lohnt sich für Manager.
      → **Corporate Governance** beschäftigt sich mit der Befriedigung der Bedürfnisse von allen Interessensgruppen im Unternehmen.

- **Bekannte Wirtschaftsautoren.**
  - **Reinhard Bendix**: Analyse der Rechtfertigung für Unternehmer bei Mitbestimmungsfragen.
    → Ist Kooperation Unfreiheit oder ein Normalzustand?
  - **David C. Korten**: Arbeitsteilung zementiert Machtgefüge (Anlehnung an Max Weber).

- **Unobtrusive Control (unmerkliche / unaufdringliche Kontrolle).**
  - (Starker) Einfluss der Soziologie in die Unternehmensführungstheorien.
  - Arbeitgeber will Bestmögliches aus Arbeitnehmern herausholen.
  - Arbeitnehmer sind geneigt nur geringe (gerade so nicht entlassen) Arbeitskraft zu geben.
  - Zusammenhänge zwischen Art der Steuerung und Arbeitseffizienz der Arbeitnehmer.
    - Einfache Steuerung (Weisung und Kommando) führt meist auch zu minimalem Arbeitseinsatz (gerade genug um nicht entlassen zu werden).
    - Strukturelle Steuerung (Bürokratie, Fließbandtakt) führt zu Arbeitsleistung.
    - Normative Steuerung (Kulturmanagement) führt zu Arbeitskraft.
    => Schreit ein Arbeitgeber dem Fertigungsarbeiter an um dessen Leistung zu steigern, wird dies weniger Erfolg haben als ein Fließband, welches eine bestimmte Geschwindigkeit vorgibt und den Arbeiter zum genauso schnellen Arbeiten zwingt.
  - Motivationssteigerung soll mit möglichst geringen (= wenig kostenintensiven) Aufwand erreicht werden.
    - **Kulturmanagement**: Arbeitnehmern ein schlechtes Gewissen machen, wenn nicht alles gegeben.

- Deutsche Wirtschaftswissenschaften legen Fokus auf Haushalten und Handeln (BWL & VWL).
- Amerikanischer MBA legt Fokus auf Herrschaft (Leadership).

- **Alfred Chandler – Erklärung für Existenz von Großunternehmen.**
  - Aufeinander abgestimmte Schritte.
  - I. Kapitalintensität der modernen Zeit benötigt Kapitalgesellschaften zur vereinfachten

Kapitalbeschaffung.
- II. Massenproduktion führt zu Economies of Scale.
- III. Massendistribution wird benötigt und durch Größe des Unternehmens möglich.
  => Großunternehmen sind entstanden, weil sie Massenproduktion und -distribution miteinander vereinen konnten.
- IV. Management zur Kapazitätenplanung wird benötigt, wegen hohen Beschäftigungsrisiko.
- V. Economies of Scope entstehen.
- VI. Schnelle Verbindung von Economies of Scale und Econmies of Scope führte zum First-Mover-Advantage.
  => Preise werden immer geringer (Cost Revolution).
  => Economies of Scale Theorie.
- Gründe für die Entstehung von Großunternehmen = SST (Scale, Scope und Transaktionskostensenkung).

- **Corporate Revolution nach Chandler.**
- **Ausgangssituation**: Produktion für den lokalen Markt, Beschaffung und Distribution nur regional oder über Kaufmänner, Arbeit und Freizeit wurden nicht getrennt, Familienbetriebe.
- **Technologischer Fortschritt** in Energie und Transportwesen macht größere Märkte erreichbar, Massenproduktion möglich und Rückwärts- bzw. Vorwärtsintegration notwendig.
- **Situation am Ende der Corporate Revolution**: Fabrik als Arbeitsplatz, Entstehung des Proletariats, Koordination über klare Hierarchien und überregionale Aktivitäten.

- **(1) Voraussetzungen.**
- Landwirtschaftliche Effizienzsteigerung (weniger Bauern bei gleichem Output) und Dampfmaschinen.
  - Enorme Produktivitätssteigerung im Vergleich zu Arbeitern, Energie wurde verlässlich und ortsgebunden.
  → Arbeitsplatz verlagert sich an zentrale Orte, nicht länger in einzelnen Haushalten.

- **(2) Operating Leverage.**
- Verhältnis zwischen variablen und Fixkosten.
  - Bei hohen Produktionsmengen erzielen Unternehmen mit hohen Fixkosten hohe Gewinne.
  - Bei geringen Produktionsmengen erzielen Unternehmen mit hohen variablen Kosten hohe Gewinne => Massenproduktion führt zur Anschaffung fixkostenintensiver Maschinen um Gewinne zu optimieren.
- **Economies of Scale**: Größenvorteile, Fixkostendegression und Spezialisierung des Betriebs bzw. der Arbeitskräfte.
- **Economies of Scope**: Differenzierungseffekte, gleiche Maschinen, Ressourcen etc. können eingesetzt werden um diverse Produktvarianten herzustellen, zu vermarkten etc.

- **(3) Beschäftigungsrisiko / Auslastungsrisiko.**
- Zusammensetzung der Kapitalstruktur bestimmt Flexibilität bei Absatzeinbruch.
  - Variable Kosten können im Falle eines Konjunkturhochs schnell ausgebaut und im Falle eines Konjunturtiefs schnell abgebaut werden.
  → Fixkosten fallen immer an, unabhängig von hergestellter Menge an Produkten.
  - Wenn Produktionsmenge sinkt, müssen Maschinen trotzdem abgeschrieben und Personal weiterhin entlohnt werden.
  - „Langfristig sind alle Kosten variabel, kurzfristig sind alle fix!"
- **Operating leverage**: Anteil der Fixkosten an den Gesamtkosten.
- **Finance leverage**: Leverage Effekt.
- In DE sind Personalkosten fix, in USA variabel.

- **(4) Deckungsbeitrag und Break – Even Analyse.**
- **Contribution Margin // Deckungsbeitrag.**
  - Variable Kosten pro Produkt sind bis zu einer gewissen Grenze gleich.
  - Fixkostendegression durch erhöhte Produktionsmenge.
  - Differenz von Erlösen und variablen Kosten, gibt an wie viel % der Umsatzerlöse zur Fixkostendeckung genutzt werden kann.
  - Bezug des Deckungsbetrags auf jedes einzelne Produkt (Stückdeckungsbetrag) oder die gesamte Absatzmenge (Gesamtdeckungsbetrag).
    - *Stückdeckungsbetrag = Verkaufserlös je Stück − variable Kosten je Stück*
    - *Gesamtdeckungsbetrag = Stückdeckungsbetrag x Absatzmenge*
  - Zeigt auf, welche Produkte einen hohen bzw. niedrigen Beitrag zur Fixkostendeckung beitragen.
  - Ermöglicht Aussagen zu treffen, ob Großauftrag trotzdem noch Gewinn beringt, wenn er unter dem „normalen" Verkaufspreis liegt.[1]

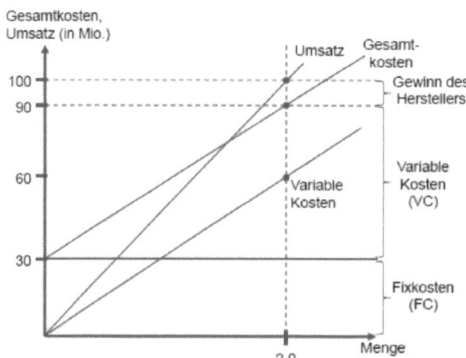
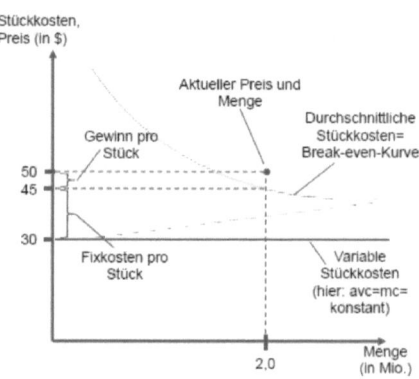

- **Break-Even-Analyse // Gewinnschwellenanalyse.**
  - **Cashpunkt** gibt an, ab welcher Absatzmenge ein positiver Cash Flow erzielt wird (weil nicht alle Fixkosten zahlungswirksam sind).
  - **Break Even Point (BEP)** ist die Absatzmenge, bei welcher alle Kosten gedeckt sind.
  - **Break-Even-Analyse** ist Bestandteil jedes Businessplans, gibt an, ab wie vielen verkaufen Gütern die Kosten gedeckt wurden und ab wann nur noch „reiner" Gewinn gemacht wird.
    - Ist BEP bekannt, dann kann eingeschätzt werden ob Unternehmen rentabel sein wird.
  - $Gewinnschwelle = \dfrac{Fixkosten}{Stückdeckungsbetrag}$ Stückdeckungsbetrag = Verkaufspreis − Kosten
    oder
  - $Verkaufspreis \ x \ Menge = Fixkosten + (Menge \ x \ variable \ Kosten)$
    → Entsprechend zu Menge umformen.

- **(1.5.1) Break-Even mit Gewinn.**
  - Erweiterung der Break-Even-Analyse um einen geplanten Gewinn.

---

1 Selbst-erstellte Grafik

- $Verkaufspreis * Menge = Fixkosten + (Menge * variable\ Kosten) + Gewinn$

- **(1.5.2) Break-Even mit Umsatzrendite.**
  - Berechnung einer Absatzmenge, bei welcher eine bestimmte Umsatzrendite erreicht wird.

$Verkaufspreis * Menge = Fixkosten + (Menge * variable\ Kosten) + Umsatzrendite * (Verkaufspreis * Menge)$
  - **Sicherheitskoeffizient** zeigt Differenz von tatsächlicher Absatzmenge und BEP.
  - $Sicherheitskoeffizient = \dfrac{Absatzmenge - BEP}{Absatzmenge}$

- **(5) Bedeutende Veränderung der Rolle des Produzenten.**
  - Äußerst wichtiger Wirtschaftsakteur bis zum 19. Jahrhundert war der Händler.
  - Corporate Revolution machte Produzenten immer bedeutender, neue Produktionskapazitäten erforderten sichere und massenhafte Rohstofflieferungen, aber auch Absatzkanäle.
    → Markt konnte diese Sicherheiten nicht in günstigen Preisen anbieten.
  - **Rückwärtsintengration**: Aufkauf aller Rohstoffquellen, Lieferanten, Vorproduzenten etc.
  - **Vorwärtsintegration**: Aufkauf / Einstellung eigener Vertriebshändler / Vertriebsnetz.
  => Value Chain (Wertschöpfungskette) verlagert sich immer mehr in die produzierenden Unternehmen.

- **(6) Koordinationsbedarf der Großunternehmen.**
  - Nachfrage nach einem Gut ist variabel und kann nicht genau vorhergesagt werden.
  - Serviceniveau von 40% besagt, dass 4 von 10 Kundenaufträgen sofort (bzw. sehr schnell) erledigt werden können; für die anderen 6 müssen Produkte erst produziert werden.
  - Serviceniveau von 100% garantiert Kundenzufriedenheit, führt aber zu hohen Lagerbeständen, Kapitalkosten und abnehmender Flexibilität.
  => Manager müssen Produktion und Nachfrage koordinieren um Kosten gering zu halten.
  - **Bullwhip-Effekt**: Unerwartete Nachfrage in einer Instanz (Filiale) sorgt dafür, dass alle anderen Instanzen (Regionallager, regionale Produktionsstätte, Regionalmanager) Sicherheitspuffer aufbauen, sodass Lagerkosten enorm steigen.
    → Supply Chain Management-Systeme koordinieren Kommunikation zwischen einzelnen Instanzen um keine sich kumulierende Fehler durchzulassen.
  - Planung ist nur notwendig, wenn es keine überschüssigen Ressourcen gibt (organizatorial slack).
    - Kostenreduktion und Effizienz erfordern dagegen sorgfältige, aufwendige Planung.
    => McHellen hat Koordinationsmethoden eingeführt, welche noch heute in Unternehmen existieren.

- **(7) Transaktionskostentheorie nach Williamson.**[2]
  - Idealer Markt stellt alle Informationen zur Verfügung und erlaubt bestmögliche Auswahl.
  - Realer Markt dagegen muss mit (kostenintensivem) Aufwand „durchforstet" werden um notwendige Informationen zu erhalten → Transaktionskosten.
  => Nutzung des Marktes „erfordert" Kapitalaufwand.
  - **Transaktionskosten auf dem Markt**: Suchkosten,

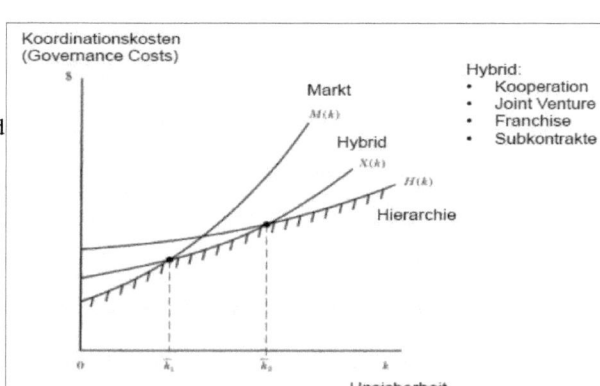

2 Grafik entnommen aus Hartmut Berghoff "Moderne Unternehmensgeschichte" ISBN-13: 9783110428186

Spezifikationskosten, Informationskosten, Verhandlungskosten, Überwachungskosten und Durchsetzungskosten.
- ○ **Transaktionskosten im Unternehmen**: Informationskosten, Kommunikationskosten, Leitungskosten, Überwachungskosten und Durchsetzungskosten.
- ○ **Prämissen von Williamson.**
  - ▪ (1) Wirtschaft ist unendliche Folge von Transaktionen, welche in Verträgen ausgedrückt werden.
  - ▪ (2) Verträge sind unvollständig, decken nicht alle Eventualitäten ab und Menschen sind opportunistisch.
  - ▪ (3) Prävention von Opportunismus und Effizienzsteigerung ist oberstes Ziel der Unternehmer.
  - ▪ (4) Transaktionskosten steigen bei steigender Unsicherheit.
- ○ Je größer die Unsicherheit, desto günstiger die Hierarchie.
- ○ McDonalds Franchise Nehmer (rechtlich unabhängig zu McDonalds) arbeiten eng zusammen (Hierarchie; Hybride Form) und kombinieren Vorteile (aber auch Nachteile) beider Faktoren.
- ○ Internet lässt Transaktionskosten in der heutigen Zeit sinken, deshalb Re-Engineering (vertikale Entflechtung) seit den 1970er Jahren.
  - ▪ Vertrauen auf Weltfrieden (nach Kaltem Krieg) schafft Vertrauen in neue Märkte (China).
  - ▪ Kleinste Störung des Weltfriedens (Terror, politische Instabilität) führt dagegen zur schnellen (und voreiligen) vertikalen Integration.
    => Frage nach dem Make-or-Buy (Make = Hierarchie, Buy = Markt).
- **(8) Wandel von der U (unitary) zur M (multi-divisionalen) Form.**
- ○ U-Form gliedert Unternehmen in Funktionen.
  - ▪ Beschaffung, Produktion, Absatz und Verwaltung sind zentrale Instanzen für die einzelnen hergestellten Produkte.
  - ▪ Abstimmungsprobleme, wenn z.B. ein Großauftrag für Produkt A.
- ○ M-Form gliedert das Unternehmen in Produkte.
  - ▪ Produkt A ist zentrale Instanz für eigene Marketing-, Verwaltungs- etc. Ebene.
  - ▪ Produktion von (Teil-)Produkten kann besser koordiniert werden.
  - ▪ Innovative neue Produkte können ausgegliedert werden um nicht gesamten Produktionsflow zu stören.
- ○ Matrix-Organisation unterteilt Unternehmen in 2 Dimensionen, meist Produkt und Region.
  - ▪ Arbeitsteilung bedeutet Spezialisierung, was aber Koordination erfordert.
  - ▪ Realität zeigt, dass Gleichgewichtung beider Dimensionen zu Ineffektivität führt.
    → Eine der beiden Dimensionen wird schwerer gewichtet.
  - ▪ Länderorientierung ist wichtig, wenn Produkte nicht / nur schwer transportabel (Flüssiggas) oder länderspezifisch sind (Autos, Medikamente).
  - ▪ Produktorientierung ist wichtig, wenn Produkte Innovationen sind und schnell in alle Regionen der Welt geliefert werden müssen, bevor es die Konkurrenz macht.
- ○ **Bausteine international-tätiger Unternehmen.**
  - ▪ **Shared Service Centers**: Massenproduktion von „unwichtigen" Dingen in selbstständiger Unternehmensstruktur (internes Outsourcing) oder externen Unternehmen (Outsourcing).
    - • Kompetenzübernahme für Dateneingabe und Erkennen von doppelten Arbeitsprozessen zwischen den Divisionen um Mitarbeiter zu entlasten und Spezialisierung zu fördern.
  - ▪ **Corporate Center**: Übernimmt Controllingaufgaben, Zentrale Instanz für diverse Aktivitäten (Rechnungswesen, R+D) um Geschäftsführung zu entlasten.
  - ▪ **Corporate Services**: Zentral-organisierte interne Dienstleistungen (Konfiguration der neu angeschafften Computer, interne Anlaufstellen für Fragen bzgl. VISA-Card für / der Kunden).
  - ▪ **Divisionen**: Unterteilt in **Business Units**, welche unterteilt sind in **Business Lines**.
    - • **Konzernvorstand / Corporate Center** geben Rahmenbedingungen vor, controllen, konsolidieren Konzernergebnis und managen Synergien.

- **Divisionsleitung** führt und kontrolliert Divisionen hinsichtlich Unternehmensziel, koordiniert Forschung, überwacht Kosten und IT-Systeme, konsolidiert Ergebnisse der Divisionen.
- **Business Units** sind autonom, müssen sich aber an Rahmenbedingungen des Corporate Centers halten.
- **Business Lines** sind ebenfalls autonom, können aber nicht controllen, tragen die unternehmerische Verantwortung.
  - Strategische Aufgaben übernimmt weiterhin Unternehmensführung, Sparten werden als 3 Center geführt.
    - **(1) Cost-Center**: Strategische Ziele mit möglichst geringen Mitteleinsatz erreichen.
    - **(2) Profit-Center**: Trägt Kosten- und Erlösverantwortung, freie Wahl der Menge und Preis.
    - **(3) Investment-Center**: Darf frei über Investitionen entscheiden und Kapital verwenden.
  - ∘ **2 Konzepte der multi-divisionalen Organisationsstrukturen.**
    - **„Fit for the Future" von BASF.**
      - Entmachtung der Länder, Produktorientierung, da globale Kunden einheitlich betreut werden sollen um Beratungsqualität kontrollieren und gleich hoch halten zu können.
        → Moderner Trend der Matrix-Organisation.
    - **Servitation.**
      - Stärkere Länderorientierung für Beratergeschäft, da lokal; Bekanntheit bei und Vertrauen von Kunden erhöhen → Moderne Gegenbewegung in der Matrix-Organisation.

- **Kritik an Chandlers Theorie.**
  - ∘ Deterministische Sichtweise, dass alle Unternehmen bei M-Form landen müssen um erfolgreich zu sein.
  - ∘ Vernachlässigung von mittelständischen Unternehmen, welche mit Status quo zufrieden sind.
  - ∘ Organisationstrend werden nicht berücksichtigt (das machen, was alle anderen machen).
    → „Structure follows Fashion" (Richard Rumelt).
  - ∘ Politischer Einfluss / Druck auf Unternehmen bzw. Branchen außer Acht gelassen.
  - ∘ Soziale Auswirkungen wie Demokratie, Umweltverständnis oder sich wandelnde Moralvorstellungen haben ebenfalls großen Einfluss auf Organisation.

- **Kritik an Williamsons Transaktionskostentheorie.**
  - ∘ Annahme, dass effizienteste Unternehmensform Bestand hat; Opportunismus und Informationsdefizite erlauben keine rationale Entscheidung.
  - ∘ Weiterhin Vernachlässigung von
    - **Macht** (Machtstreben der Unternehmensführung führt zu Expansion und „Empire-Building").
    - **Politik** (Politischer Druck zur Fusion zu Großunternehmen, rechtlicher und steuerlicher Rahmen (Steuervorteile bei Großunternehmen), Gewalteinsatz für Oligarchien (Russland)).
    - **Institutionelle Einflüsse** (Managementtradition und Imitation der Konkurrenz).
  - ∘ Kosten für vertikale und horizontale Integration werden vernachlässigt.
  - ∘ Vernachlässigung der Wichtigkeit von Flexibilität (nimmt ab bei Integration des Wertschöpfungsprozesses).
  - ∘ Meiste Systeme sind hybride Formen zwischen Markt und Macht, Extremen kaum vorzufinden.

  - ∘ Unternehmensberatung beeinflusst Organisationsstruktur mit Angst (wenn nicht so, dann erfolglos).
  - ∘ 3 Arten um Organisationsstrukturen zusammenzuhalten: Ökonomie, Kultur, Gewalt.

  - ∘ Mehrschichtige Betrachtungsweise um Wahrheitsgehalt angemessen herausfiltern zu können.
    - Ökonomie = Effizienz.

- Soziologie = Macht.
- Ethnologie = Kultur.

- **Frage nach der Selbst- oder Fremdbestimmung von Menschen / Managern.**
  - Neoklassische Ökonomie: Manager als „**Maximizer**" nach Menger.
    - Homo oeconomicus hat freien Willen und entscheidet immer rational.
      - Hat alle Informationen, will Nutzen maximieren, kann Vor- und Nachteile genaustens abwägen.
    - Spieltheorie befasst sich mit rationalem Verhalten.
      - Boom im Kalten Krieg, da USA herausfinden wollte ob Vergeltungsschlag irrational sei oder nicht.
  - Verhaltenswissenschaftliche Entscheidungstheorie: Manager als „**Satisficer**" nach Simon & March.
    - Kognitive Grenzen des Menschen sind begrenzt, will rational sein, schafft es aber nicht.
      → Bounded rationality.
    - Begnügt sich damit das zu tun, was notwendig ist, nicht aber was darüber hinaus geht.
  - Institutionelle Theorie: Manager als „**Legitimizer**" nach Meyer & Rowan.
    - Homo sociologicus ist kognitiv begrenzt und von Heuristiken getrieben, keine rationale Abwägung.
    - Sucht nach Rechtfertigung, möchte sich selbst nicht verantwortlich machen (Rückgriff auf Faustregeln, Verhalten von anderen oder früheren Verhaltensweisen).
      - **Isomorphismus:** Unternehmen werden sich immer ähnlicher, da Unternehmensberater immer mächtiger (BCG bedient 70% aller Banken) (Isomorphismus = Imitation anderer Unternehmen).
      - **Extremform:** CYB-Behaviour (Cover your bottle (sich selbst absichern)).
      => Zeitgeist wird immer wichtiger als ökonomische Effizienz.
  - Moderner Trend ist das Aufkommen starker Führungspersönlichkeiten, Soziologie sieht darin eine unterdrücke Bewundern von (aktuellen) Führungspersönlichkeiten (Hitler, Mussolini, Napoleon, Putin, Erdogan).

> Unternehmensberater werden getrieben eigene (unschöne) Meinung zu präsentieren, damit Vorschlag umgesetzt wird ohne das Manager selbst „der Böse" ist. Ohne Gesichtsverlust können zwei verfeindete Parteien der Idee des Unternehmensberaters zustimmen, auch wenn diese von einem der beiden vorgeschlagen wurde.

- **Frage nach dem Vertrauen oder Misstrauen der Arbeitnehmer als Manager.**
  - **Principal-Agent-Theory.**
    - Zwischen Prinzipal (Eigentümer des Unternehmens) und Agent (Angestellter) besteht ein Spannungsverhältnis.
    - Prinzipal verfolgt seine Ziele (Vermögensmehrung, Expansion) und Agent seine eigenen (Macht & Prestige, Ruhe & Bequemlichkeit) → Moral hazzard.
      → Unterschiedliche Zielsetzung der beiden Einheiten und Spielraum für Opportunismus.
    - Probleme entstehen u.a. aus individueller Nutzenmaximierung, Informationsasymmetrie, begrenzter Rationalität, opportunistischem Verhalten und Interessendivergenz, da Agent mehr über das Unternehmen weiß als Prinzipal.
    - Theorie befasst sich mit Lösungsvorschlägen (Angestellter kauft sich in Vorstand um mitbestimmen zu können) und vertraglichen Beziehungen, die auf asymmetrischer Informationsverteilung beruhen.
      - Versicherungsnehmer (Agent) kennt seine gesundheitliche Verfassung besser als die Versicherung (Prinzipal).

- Kreditnehmer (Agent) kennt seine Bonität, die Sicherheit seiner Arbeitsstelle etc. besser als die Bank (Prinzipal).
  ◦ **Fish! Philosophy**: Making individuals alert and active in the workplace.
  => Fish! Philosophy und P&A-Theorie führten zu Aktienbeteiligung der Manager.
  → Ökonomisch betrachtet sinnvoll, soziologisch jedoch problematisch, da Manager seine Macht nun besser ausnutzen kann.
  ◦ **Theory X und Theory Y nach McGregor.**
  ▪ **Theory X**: Mensch ist faul, muss mit Druck gezwungen werden zu Arbeiten.
  • Direkte Weisung und Befehle sind einzige Möglichkeit dass Mensch effizient arbeitet.
  ▪ **Theory Y**: Übertragung von Verantwortung und Selbstständigkeit erhöht Arbeitsmoral.
  • Belohnung bei guter Arbeit sinnvoller als Bestrafung bei schlechter.
  • Menschen lernen am Besten mit Kreativität und Vorstellungskraft um Verantwortung zu übernehmen.

- **Konzeptionen der Unternehmensführung.**
  ◦ **(1) Scientific Management // Taylorismus.**
  ▪ Erfahrung zeigt, dass Trennung von Hand- und Kopfarbeit Leistungssteigerung herbeiführt, deshalb Grundlage für Hierarchiebeziehungen → Spezialisierung der Arbeiter.
  ▪ Funktionsmeisterprinzip beschränkt Kompetenzen der Meister auf ihren Funktionsbereich.
  ▪ Bevormundung des Individuums und Analyse des Arbeitsverhaltens der Masse.
  → Akkordnormen werden wissenschaftlich erforscht, sind nicht individuell.
  => Es gibt nur „one best way", welchen alle Arbeiter befolgen müssen.
  ▪ Aufteilung von (komplexen) Produktionsmechanismen in kleinste Produktionsschritte, sodass auch unqualifizierte Arbeiter das Endprodukt in Arbeitsteilung herstellen können.
  ▪ **Aktuelles am Taylorismus.**
  • Chefs der heutigen Zeit sind auf Taylorismus gepolt → Rückwärtsbewegung.
  • Big Data fragt nicht den Arbeiter, sondern die Daten, was der beste Arbeitstakt ist.
  ◦ **(2) Definition von Management nach Fayol.**
  ▪ Gilt als Gründervater der modernen Managementtheorien.
  ▪ 5 Elemente des Managements: Planung, Organisation, Kommando, Koordination, Kontrolle.
  ▪ Seit Fayol hat Management eine neue, wichtige Aufgabe: Koordination.
  • Koordination (Planung, Organisation, Personalwesen) umfasst das Controlling (Anreize), welches das (direkte) Kommando umfasst.
  ▪ Das Wichtige am Controlling ist die Frage nach **Ergebnis- oder Verhaltenssteuerung**.
  • **Ergebnissteuerung**: Besondere Belohnung (Vergütung) bei Erreichen eines vorher festgelegten Ziels.
  ◦ Wichtig bei Informationsasymmetrie, da Kontrolle nicht möglich.
  • **Verhaltenssteuerung**: Wenn man der Ansicht ist, dass Arbeiter nichts kann und man es besser weiß (Taylorismus).
  ◦ Code of Conduct in vielen Unternehmen, Do's and Don'ts, Vorgabe von Richtlinien.
  ◦ Sinnvoll, wenn Glaube an Erfolg nicht gegeben (unbekannte, externe Faktoren).
  ◦ **(3) Galbraith's Star Model.**[3]
  ▪ „5 Hebel" Strategie, Menschen, Struktur, Prozess und Belohnung.
  ▪ Diagnostisches Modell bildet eine logische

---

3 https://commons.wikimedia.org/wiki/File:Galbright_star_model.png

Abfolge, erlaubt also auch Untersuchungen, weshalb Ziele (Perfomance or Culture) nicht (in dem Ausmaße) umgesetzt worden sind.

- ◦ **(4) 7S-Model nach McKinsey.**[4]
  - ▪ Ganzheitliche Betrachtung einer Organisationsstruktur, Untersuchung von Ursachen für den Unternehmenserfolg.
  - ▪ **Harte Faktoren** (Strategie, Struktur, Systeme) sind Indikatoren für Effizient.
  - ▪ **Weiche Faktoren** (Selbstverständnis, Spezialkenntnisse, Stil, Stammpersonal) bilden internes Führungskonzept ab.
    => Gegenseitige Abstimmung der 7S, welche in Relation zueinander stehen, führe zu dauerhaften Unternehmenserfolg.

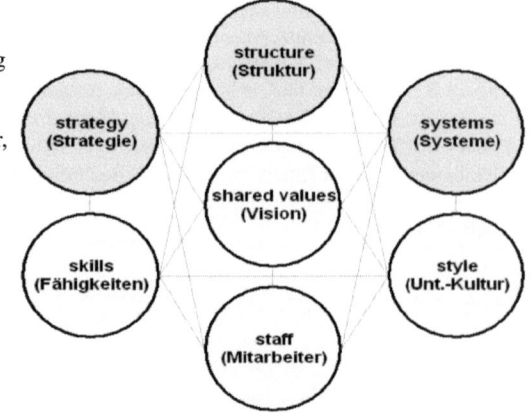

  - ▪ Analyse der Stärken und Schwächen eines Unternehmens, Berücksichtigung von „weichen Faktoren", welche nicht direkt empirisch messbar, aber essentiell für Erfolg sind.
  - ▪ Veröffentlicht im Buch „The Art of Japanese Management", Taylorismus wurde in Japan umgesetzt und nach der US-Autokrise haben die Amerikaner den Taylorismus von Japan wieder übernommen.
- ◦ **(5) Kotter über Unterschiede zwischen Leadership und Management.**
  - ▪ Management erfüllt POSDCORB-Aufgaben und Controlling.
  - ▪ Leadership gibt eine Richtung vor, reagiert auf Veränderungen, motiviert und inspiriert.
    → Leaderchange; Menschen mit Charisma und Verstand führen Unternehmen.
- ◦ **(6) Burns über Unterschiede innerhalb des Leaderships.**
  - ▪ Unterscheidung der Leadership Aufgaben in transaktional und transformativ.
    - • **Transaktional**: Leistung gegen Gegenleistung, Menschen dazu bringen etwas zu machen.
    - • **Transformativ**: Satisfy higher needs, Menschen dazu bringen es machen zu wollen, Arbeitern die Unternehmensmission „einimpfen".
      → Kulturmanagement, Leader als moral agent.
- ◦ **(7) Kritik am Unterschied zwischen Management und Leadership nach Hales.**
  - ▪ Als Begriff Business Administrator out wurde, wurde Begriff Manager geschaffen, nun ist Management out und Begriff des Leaders wurde geschaffen.
    → 3 unterschiedliche Begriffe für gleiche Person / Aufgaben.
  - ▪ Aufkommendes Leadership als versteckte Bewunderung gegenüber autoritären Führungspersönlichkeiten (Bismarck, Putin).
- ◦ **(8) Mintzberg über „richtiges" Management.**
  - ▪ Definition des Managements anhand von 6 essentiellen Funktionen.
    - • Interne und externe Kommunikation zur Informationsweitergabe.
    - • Interne Führung, Motivation, Entwicklung der Teams und Stärkung der Kultur, extern Aufbau von Netzwerken und Repräsentation gegenüber Dritten.
    - • Internes Projektmanagement und Reaktion auf Veränderungen, extern Verträge aushandeln.
      => Management soll verbessert, nicht in Leadership umbenannt werden.
- ◦ **(9) Das Paradoxon von Mintzberg.**

---

4 https://de.wikipedia.org/wiki/Datei:Seven-s-model.png

- Top Management muss unwichtige Belange delegieren und sich auf strategische Entscheidungen fokussieren.
  → Nur erfolgreich, wenn er „in touch with the everyday life of organisation" bleibt.
  ○ **(10) Quinn's competing values framework of management.**
    - Vier Felder, welche jeweils durch 2 Gegensätze abgegrenzt werden, charakterisieren die Aufgaben eines Managers.
    - Mittelweg zwischen Kollaboration und Konkurrenz, Kontrolle und Kreativität, Interner und externer Orientierung sowie Flexibilität und Kontrolle muss situativ gewählt werden.
    - Professoren in Universitäten und Berufsausbilder bereiten auf Extremformen vor, richtiger Weg ist irgendwo dazwischen und muss individuell und situativ gewählt werden.

- **Gründe für die Entstehung und Erfolg des Kapitalismus.**
  ○ **(1) Protestantische Ethik nach Max Weber.**
    - Im Calvinismus war nicht Reichtum, sondern Erfolg wichtig.
      → Zurschaustellung des Reichtums war verpönt.
    - Beruf wurde religiös legitimiert, Verteilungsungerechtigkeit von Gott determiniert.
      => Grundlage für Puritanismus in Amerika.
  ○ **(2) Protestantische Ethik nach Tawney.**
    - Protestantismus als Ideologie der ehemals katholischen Kaufleute (meiste Bänker waren Katholiken).
  ○ **(3) Protestantische Ethik nach McClelland.**
    - Religion und Erfolgsstreben wurden miteinander verbunden, deshalb großer Erfolg.
  ○ **(4) Protestantische Ethik nach Lenski.**
    - Deterministische Betrachtungsweise der Religion, glaubt nicht an die Existenz von Gott.
    - Religion als wichtige Grundlage für Aufstieg der Karriereleiter (Juden > Protestanten > Katholiken).
    - Religion beeinflusst Gedanken der Arbeiter, deshalb mehr Effizienz und Arbeitsfreude bei Protestanten.

- **Cultural Contradicitons of Capitalism nach Daniel Bell.**
  ○ Gesellschaft hat 3 Sphären: techno-ökonomisch, politisch und kulturell.
  ○ Gesellschaften sterben an inneren Widersprüchen.
    - Nach den Wirren des Krieges (Unfreiheit) wollte Menschheit Sozialstaat, welcher alle ihre Sehnsüchte befriedigt.
    - Auf der anderen Seite soll Staat wirtschaftliches Umfeld schaffen, um kontinuierliches Wachstum aufrecht zu halten.
    => Grundlage der politischen Wirren und wirtschaftlichen Schwankungen.

- **Böckenförde-Theorem.**
  ○ Staat gewährt seinen Bürgern Freiheit und Demokratie, was er aber nicht beeinflussen kann.
  ○ Wenn Mehrheit der Bürger Freiheit und Demokratie verachten, müsste Staat theoretisch mit Regelungen und Gesetzen durchgreifen, um Demokratie zu retten.
    => Innerer Widerspruch, Staat ist auf Gesinnung seiner Bürger angewiesen.

- **Strategisches Management.**
  ○ C-Suite = Vorstandsmitglieder (CFO, CEO, COO).
  ○ Manager sorgen für Umsetzung der Strategie, Aufgaben sind
    - **Alignment & Control** (Assuring execution; Umsetzung der Strategie).
    - **Direction** (Strategy Setting; Strategie entwickeln und umsetzen).
    - **Face** (Representing of the company).
  ○ Nationale Strukturen (Gesetzte, Rechtssysteme, Managementkultur) führen zu Unterschieden

im Management.

- ▪ Deutscher Vorstand hat Kollektivverantwortung.
- ▪ In USA: Offene Kritik schwerer zu bekommen, viel diskretionärer Spielraum, Alleingängertum, Kontakt zu operativen Abläufen geht verloren.

- • **Egg McMuffin Syndrom.**
  - ◦ Neue Strategien müssen mit Positionierung und Außenwahrnehmung des Unternehmens übereinstimmen.
  - ◦ McDonalds wird als Fastfood Restaurant gesehen, welches Essen schnell und preiswert anbietet.
  - ▪ Neue Strategie des McDuckling à l'Orange (Candle-light Dinner bei McDonalds) stellte einen völligen Wandel dar.
    → Passte nicht mit Positionierung (billiges Essen) und Außenwahrnehmung zusammen (McDonalds als billiges Restaurant für den schnellen Hunger).
    => Erfolglos.
  - ▪ Einstieg McDonalds in den Frühstücksmarkt passte mit der Außenwahrnehmung zusammen, auch wenn eine neue Positionierung eingeleitet wurde.
    - • So erfolgreich, da hohe Fixkosten (Filialen rund um die Uhr geöffnet), deshalb Notwendigkeit Filialen mit Kunden zu füllen.
  - ◦ Neue Strategien, welche nicht der Perspektive entsprechen, führen zu customer confusion und sind eher kontraproduktiv oder nur mit entsprechend hohem Kapitaleinsatz umzusetzen.
    => Ausbau der alten Perspektive „einfacher" (= günstiger und erfolgsversprechender) als Änderung dieser.

- • **Was ist eine Strategie (5 P's nach Mintzberg).**
  - ◦ **Plan**: Beabsichtigte Richtungsvorgabe einer auszuführenden Handlung, genereller Zweck.
  - ◦ **Ploy**: Taktisches Manöver, spezieller Zweck.
    => Deliberativ, Plan ist sich über Konkurrenz zu erheben, Taktik ist z.B. Produktionskapazitäten zu erweitern.
  - ◦ **Pattern**: Konsistentes Handeln („stream of actions") um Ziele zu erreichen (Außenwahrnehmung).
    - ▪ Analyse der Strategien von Konkurrenten anhand deren Auftretens.
    - ▪ **Emergente** Entwicklung nach bottom-up Prinzip (Erst Entscheidungen treffen, danach Strategie ableiten und weiterführen) oder **deliberate** Entwicklung nach top-down Prinzip (Strategie ausarbeiten und verfolgen).
  - ◦ **Position**: Festgelegte Positionierung im Umfeld und Wettbewerb.
    - ▪ Einstieg in einer Marktnische, Festigung der eigenen Position und Expansion von dort an.
    - ▪ Kann deliberativ über einen Plan erreicht werden oder emergent über Pattern.
  - ◦ **Perspective**: Analyse von wiederkehrenden Mustern, Wahrnehmung von Gemeinsamkeiten, spezifischer Blick auf die Welt (mentales Modell, „so wie du sprichst, musst du bei McKinsey gearbeitet haben").
    - ▪ Charakter der Firma, geteilte Weltanschauung unter den Organisationsmitgliedern.
      → Collective mind, individuals united by common thinking or behavior.
  - ◦ Strategie ist tendenziell langfristig, Zeiträume hängen dabei von Brache ab (langfristig für IT sind 3 Jahre, für Ölförderung 20 Jahre).
    => Strategie ist Antwort auf Frage, was Unternehmen unter Berücksichtigung der verfügbaren Mittel langfristig erreichen wollen.

- • Strategieberatung eines Unternehmens durch Strategieeinheit mit erfahrenen Beratern und „Unifrischlingen" um bestmögliche Strategie zu erarbeiten.
- • Strategieberatung muss sehr einfach sein, sonst denken Manager, dass Umsetzung ebenso schwierig und deshalb nicht erfolgsträchtig sein wird.

→ Deshalb hat sich Portfolio-Analyse von McKinsey nicht durchgesetzt.

- **Boston Consulting Group (BCG) – Matrix wird zur Portfolio Analyse.**
  - (I) Beurteilung des **relativen Marktanteils**.
    - Marktanteil des eigenen Unternehmens wird mit jenem des stärksten Konkurrenten dividiert.
      - → Analyse der Stärken des Unternehmens im Vergleich zur Konkurrenz.
  - (II) Berechnung des (wahrscheinlichen) **zukünftigen Marktwachstums**.
    - Attraktivität des Marktes wird prognostiziert.
  - Ergebnisse der BCG – Matrix lassen sich in der **Vier-Felder-Matrix** darstellen.
    - **(a) „Poor Dogs"** geringer Marktanteil und geringes Marktwachstum.
      - Empfohlene Strategie: Abbau der Produktpalette, da Produkt keinen Nutzen / Wert mehr für Unternehmen besitzt.
    - **(b) „Question Marks"** hohes Marktwachstum, aber noch geringe Marktanteile.
      - Empfohlen wird ein selektives Vorgehen und Ausbau.
      - Abwägung ob Investitionen neue Marktanteile schaffen oder ob die Prognose nicht eintrifft.
      - Sind meist Innovationen, deren Nachfrage nicht abzuschätzen ist.
    - **(c) „Cash Cows"** hoher Marktanteil, aber geringes Marktwachstum.
      - Nur wenig Investitionen sind notwendig um (hohe) Gewinne zu erzielen.
      - Unternehmen sollte die Gewinne für Investitionen in „Question Marks" oder „Stars" nutzen.
    - **(d) „Stars"** hoher Marktanteil, welcher wahrscheinlich auch noch steigen wird.
      - Verschlingen hohe Summen an Investitionen um den Erwartungen gerecht zu werden.
      - Ziel ist es die „Stars" zu „Cash Cows" zu machen, damit die Gewinne steigen.
      - => Portfolio Analyse zeigt, dass ein Unternehmen verschiedene Produkte benötigt um auf dem Markt mithalten zu können.
  - **Kritikpunkte an der BCG-Matrix.**
    - Vorgegebene Normstrategien greifen nicht bei individuellen Situationen.
    - Konzept passt nicht auf neue Märkte.
    - Definition von „niedrig" und „hoch" ist unklar.
    - Messung der Marktattraktivität nur über prognostiziertes Marktwachstum ist ungenau.
    - Strategische Gründe für Erhalt von Poor Dogs (Kundenservice aufbessern, Risikosteuerung).
    - Unternehmen kann Marktanteile durch Marketing verändern.
    - Relevanter Markt ist nicht klar abzusehen, kann verändert oder angepasst werden.
      - → Aufsplittung des Kaffeemarktes durch Kapseln und Pads.

- **Wettbewerbsvorteile // Strategisches Dreieck.**
  - Betrachtung von Wettbewerbsvorteilen immer relativ zur Konkurrenz.
  - Unternehmen schafft ein **Wert/Preis-Verhältnis** gegenüber seinen Kunden.
    - Wert, welchen das Produkt für den Kunden hat, sollte Verkaufspreis übersteigen.
  - Unternehmen muss seine eigenen Kosten durch den Verkauf der Produkte decken können.
  - Wert/Preis-Verhältnis des Unternehmens muss relativ zur Konkurrenz „besser" sein.
  - **Nachhaltiger WB-Vorteil muss 3 Kriterien erfüllen.**
    - Bereich, in welchem Wert/Preis-Verhältnis des Unternehmens dominiert, muss auffallend sein.
    - Kunde muss dieser Bereich wichtig sein.
    - Bereich muss sich gegen Konkurrenz verteidigen lassen.
      - → Dabei kulturelle Perspektive beachten!

> Hauptaufgabe des Marketings: Trennung von Materialwert und subjektivem Wert gegenüber dem Kunden.

- **Wandel von Wettbewerbsvorteilen im Zeitverlauf.**
  - Etablierte Marktführer in Möbelindustrie waren **Segmüller** und **Mannmobilia**.
    - Konkurrent IKEA untersucht den Markt und betritt ein Segment: Möbel für Studenten und Geringverdiener.
      - → Günstige Preise und (relativ) leichte Aufbauanleitungen führen zu flächendeckendem Erfolg.
      - => Etablierte Marktführer haben Risiko unterschätzt, sich auf heutigen Erfolg ausgeruht und nicht schnell genug auf Konkurrenz durch IKEA reagiert.
  - Internationaler Marktführer im Bereich der mobilen Endgeräte war lange Zeit **Nokia** mit neuen Innovationen.
    - Konkurrent Apple setzte auf Produktdifferenzierung und schuf iPod, iPad, iPhone etc. und konnte somit mehrere unterschiedliche Marktsegmente ansprechen, Fuß fassen und zum weltweit führenden Unternehmen für mobile Endgeräte aufsteigen.
  - **Amazon** erkannte Zeichen der Zeit und verkaufte Bücher über das Internet → Marktlücke.
    - Bequemlichkeit der Kunden und schnelle, einfache Auswahl steigerten den Erfolg.
    - Anstatt sich auf seinem Erfolg auszuruhen hat Amazon weiter expandiert und steigt nun immer weiter zum weltweit größten Internetversandunternehmen nach Alibaba auf.

- **Aufbau und Erhalt von Wettbewerbsvorteilen.**
  - Wettbewerbsvorteile laufen mit der Zeit ab, entweder wegen starker Konkurrenz oder wegen sich wandelnder (kulturellen) Perspektive.
  - (1) Kreislauf beginnt mit Quelle der Wettbewerbsvorteile, welche im Nachhinein nicht immer so leicht zu identifizieren ist.
  - (2) Positionsvorteile resultieren aus Quelle (besseres Wert/Preis-Verhältnis).
  - (3) Ergebnisse wie Profitabilität oder Kundenbindung als Folge.
  - (4) Zusätzliche Einnahmen durch Wettbewerbsvorteile sollten in Quelle investiert werden.
  - **Probleme in der Realität.**
    - Große Unternehmen können nicht ohne Weiteres „das Ruder wenden" und neue Chancen nutzen, langwieriger Prozess, welcher i.g.W zu Wettbewerbsnachteil führt.
    - Großunternehmen legen Fokus auf Controlling und Risikomanagement, deshalb Vorsicht bei Investitionen geboten.
    - Glaube an eigenes, überlegenes Bauchgefühl der alt-eingesessenen Unternehmensführung führt zu Investitionen in Bereiche, „in die immer investiert wurde".
      - Chancen werden nicht rechtzeitig erkannt oder aufgeschoben, bis Investition unbedingt nötig.
        → Kognitive Verzerrung, „over confidence".
    - Investitionen in nachhaltiges Unternehmenswachstum senken kurzfristig den Gewinn, Manager und Shareholder haben viele Nachteile, wenn langfristiges Wohl des Unternehmens im Sinn.

- **Five Forces nach Michael E. Porter.**
  - Betrachtung diverser Einflussfaktoren, welche Attraktivität des Unternehmens / der Branche ausmachen.
  - **Branchenwettbewerb** bezeichnet die Rivalitäten innerhalb einer Branche.
    - Viele ähnliche Anbieter, langsames Wachstum, hohe Austrittsbarrieren.
  - Trotz Effizienz und guter Strategie kann z.B. in Industrie nur Gewinnmargen von 7-10% verwirklicht werden, während IT 15-20% erreicht.
  - **Die fünf Wettbewerbskräfte nach Porter.**
    - **(1) Kunden:** Macht durch Nachfrage, besonders wenn hohes Angebot.
      - Preise drücken, Qualität erhöhen oder Dienstleitungen fordern.
      - Abhängig von: Möglichem Nachfragemonopol, Preissensibilität der Kunden, Wechselbarrieren (wie einfach Kunden von einen Anbieter an den nächsten Wechseln

können, z.B. bei Pharmaindustrie sehr hoch).
- **(2) Lieferanten:** Macht durch Preiserhöhungen, besonders wenn nur wenige Zulieferer und Ware strategisch wichtig.
  - Abhängig von: Möglichem Angebotsmonopol, Abhängigkeit zu Lieferanten (kritische Ressourcen).
- **(3) Potentielle neue Wettbewerber:** Bedrohung für Unternehmen.
  - Kampf um Marktanteile und -wachstum.
  - Abhängig von Markteintrittsbarrieren, Chancen für ein start-up.
- **(4) Substitute:** Preisgünstigere Kopie durch die Konkurrenz, welche von den Fehlern des Erfinders lernen konnte oder nur die beliebtesten Funktionen kopiert.
  - Abhängig von: Innovationsfähigkeit der Konkurrenz, Me-too Strategie.
- **(5) Bestehende Konkurrenten** beeinflussen alle Handlungen eines Unternehmens.
  - Abhängig von: Höhe der Wettbewerbsintensität, Konkurrenzverhalten, Macht der Konkurrenten, Marktwachstum (wenn nur wenig, dann muss Umsatz zu Lasten der Wettbewerber erkämpft werden).
=> Je stärker die fünf Kräfte sind, desto schwieriger ist es in solchen Märkten Fuß zu fassen.
  - ○ Einteilung der Personen / Unternehmen in entsprechende Force ist schwierig, Modell zwingt Unternehmer sich wichtige Fragen zu stellen.

- **Arten von Strategien.**
  - ○ Unterscheidung in **Wettbewerbsstrategie** (produkt- oder wertschöpfungsbezogen) und **Unternehmensstrategie** (Internationalisierung oder Diversifikation & Fokussierung).

- **Internationalisierung als Strategie.**
  - ○ **(1) Betrachtung der grundsätzlichen Marktbearbeitungsformen.**
    - ▪ Veranschaulichung anhand einer 4-Felder-Matrix.

Kooperations-bereitschaft	Ressourcen-einsatz	Strategie-bezeichnung	Erläuterung
nein	gering	Export	Einfache Möglichkeit zu internationalisieren, geringer zusätzlicher Aufwand führt zu entsprechendem Erfolg.
nein	hoch	Auslands-gesellschaft	Gründung von Produktionsstätten im Ausland*, ermöglicht Qualitätskontrollen und Anpassung an lokale / regionale Besonderheiten (Gesetze, Kultur).
ja	gering	Lizensierung	Weltweite Präsenz, hohe Gewinne bei vergleichsweise geringem Aufwand.
ja	hoch	Joint Venture	Partner hat spezifische Fähigkeiten (Länderkenntnis, politisches Wissen), langfristige Erschließung des Marktes beabsichtigt, Qualität verbessern und anpassen, Politik zwingt zu Kooperation (z.B. weil kein Einfluss vom Ausland gewollt).

  - ▪ **greenfield approach:** Errichtung einer Prod.stätte auf ehemals grüner Wiese.
    brownfield approach: Aufkauf einer inländischen Prod.stätte und Gestaltung nach Belieben.
  - ▪ „Nett-to-know": Ausländische Unternehmen in China nur als Joint Venture geduldet; Unternehmen fürchten (zu Recht), dass China – wenn dazu in der Lage – Ausländer verbannt um selber stark zu werden; große Verluste für ausländ. Unternehmen, China kann mit Erfahrung des Auslands weiterarbeiten / darauf aufbauen.

○ **(2) Betrachtung der unterschiedlichen Marktstrategien.**

Globalisie-rungsvorteil	Lokalisie-rungsvorteil	Strategie-bezeichnung	Erläuterung
gering	gering	Internationale Strategie	Traditionelle Marke wird exportiert, keine Notwendigkeit zu globalisieren oder lokal anzupassen.
gering	hoch	Multinationale Strategie	Pharmaindustrie muss sich an lokale Bedingungen anpassen, Markenbekanntheit aber zu gering für Globalisierung, Verbreitung z.b. nur auf deutschsprachigen Raum.
hoch	gering	Globale Strategie	Verkauf an ganze Welt, aber keine Anpassung nötig, deshalb höhere Gewinne möglich (Bsp. Apple).
hoch	hoch	Transnationale Strategie	Für Markterschließung wird Anpassungsnotwendig-keit hingenommen (Autobranche braucht viele Märkte, da Markt schnell für längere Zeit „gesättigt"); „think global, act local".

- **Diversifikation und Fokussierung bei Daimler-Benz AG.**
  - ○ Von Gründung 1928 bis in die 1980er Jahre hinein hat sich Daimler-Benz als einer der führenden Automobilhersteller Deutschlands herauskristallisiert.
  - ○ Neuer CEO entschied sich dazu dem aktuellen Trend der Diversifikation zu folgen.
    - ▪ Aufkauf von AEG (Industrie), Dornier und Fokker (beide Flugzeuge) um Synergien zu nutzen, zu expandieren und Gewinne zu maximieren.
    => 20 Jahre später werden drei Firmen wieder abgespalten und unter hohen Verlusten verkauft, Fokussierung auf den Automobilbau.
  - ○ Aufgekaufte Unternehmen waren nicht schlecht, Diversifikationsstrategie ist nur wegen Komplexität gescheitert, da kein ausreichend geschultes Management eingestellt wurde.

- **Diversifikation und Fokussierung als Strategie.**
  - ○ Diversifikation aus Gründen der Risikosteuerung und Synergienutzung betrieben.
    - ▪ Synergienutzzung erlaubt keine Divisionalisierung, deshalb steigt Komplexität.
      → Wenn zusätzliche Komplexität nicht bewältigt werden kann, dann kein Erfolg.
    => Synergienutzung nicht schlecht, aber Umgang mit Komplexität muss gekonnt sein.
  - ○ Frage nach Rolle des Topmanagements: Nur Cash Flow Koordination? Nur Marketing? Nutzung der Synergien oder Divisionalisierung?
  - ○ **Strategy also follows fashion**: Zeitgeist, Trends oder Einfluss von Unternehmensberatern verleitet dazu Strategien zu verfolgen, welche für eigenen Unternehmen nicht unbedingt derart sinnvoll sind.
  - ○ Fokussierung auf core-values (markttheoretischer Ansatz) steht Diversifikation (ressourcentheoretischer Ansatz) gegenüber.
    → Tendenz / Mittelweg ist von individueller Unternehmenssituation abhängig.

- **Generische Wettbewerbsstrategien nach Michael E. Porter.**
  - ○ Zwei große Strategien für Unternehmen, welche nachhaltigen Wettbewerbsvorteil sichern.
    - ▪ **(1) Kostenführerschaft**: Strategie des geringsten Preises auf dem Markt.
      - • Gewinnung von höheren Marktanteilen und Absätzen durch günstigste Preise.
      - • Produktion auf Masse (Economies of Scale) um Konkurrenz zu unterbieten.
  - ○ Qualität wird nicht beachtet, entspricht meist der durchschnittlichen auf dem Markt.
    - • Niedrige Kosten stellen Markteintrittsbarrieren dar und schützen ein Unternehmen sowohl vor neuen Konkurrenten als auch vor Substituten.

- **Maßnahmen** zur Kostenreduktion: günstige Fertigung und Organisation, Economies of Scale, Standardisierung der Produktion, strenges Kosten-Controlling, tendenziell weniger Werbung, Offshoring in Niedriglohnländer.
  - **(2) Differenzierungsstrategie**: Höheres Wert/Preis-Verhältnis als Konkurrenz anbieten.
- Einzigartige Wahrnehmung (**UPS**) rechtfertigt höhere Preise am Markt.
- **Maßnahmen**: Hohe Qualität, gutes Design, innovative bzw. einzigartige Technologie, Imagetransfer, zuverlässiger Kundenservice, individuelle Anpassung.
- **Nachteile**: Investitionen in einzigartige Produkte (Innovationen) oder Dienstleistungen (freundlicher Kundenservice) müssen regelmäßig stattfinden und hohen Standards entsprechen um das Geschäftsmodell aufrecht zu halten., keine hohen Marktanteile zu erwarten, sodass Preise entsprechend hoch sein müssen.
  => Porter benennt einen Mittelweg beider Strategien – außer in einem kleinen Bereich des Marktes – als weniger erfolgreich als das Verfolgen eines Ziels.
  - ○ Es ist jedoch möglich **hybride Wettbewerbsstrategien** zu verfolgen, z.B. hohe Qualität zu niedrigen Preisen anzubieten (Bsp Samsung: Produkte mit Apple-Qualität werden zu der Hälfte der Apple-Preise angeboten).
    - Kostenführer investiert in „Value for Money", Aufbau eigener Marken und Dienstleistungen (Rewe mit Ja!) um Wert/Preis-Verhältnis zu steigern trotz günstigen Preisen.
    - Differenzierer nutzt Kostendegression und Erfahrungskurveneffekte zur Kostensenkung.

- **(3) Erfahrungskurven-Theorie.**
  - ○ Export eines neuen Produktes verschafft Vorteile gemäß der Leader-Strategy.
  - ○ Wenn andere Unternehmen Produkt qualitativ und quantitativ kopieren können, überwiegen beim Leader die Economies of Scale.
  - ○ Jedoch keine Berücksichtigung der ausländischen Produktionskosten, Vorteile der Follower-Strategy.

- ○ **Objective** (Ziel) muss formuliert werden (wohin es geht?).
  - Quantitatives Ziel und Zeitrahmen.
- ○ **Advantage** (Vorteil): Core-values müssen erkannt, ausgebaut und gefördert werden (Was kann ich aus meinem WB-Vorteilen machen).
- ○ **Scope** (Umfang) muss sich bewusst sein (Kundensegment, Fertigungstiefe, Technologie).

- **Strategische Entscheidungskaskade.**
  - ○ Kaskade = Künstlich angelegter Wasserfall mit Stufen.
  - ○ **Deliberate Strategieumsetzung.**
    - Winning Aspiration (Ziel) führt zur Ausgestaltung des Scopes.
    - Scope muss sich entsprechenden Advantages bedienen, welche aus unternehmensspezifischen Fähigkeiten entstanden sind und immer weiter entstehen.
    - Letztlich sind es die Steuerungs- und Unterstützungssysteme, welche die Fähigkeiten erkennen.
  - ○ **Emergente Strategieformulierung / -umsetzung.**
    - Aus Unterstützungs- und Steuerungssystemen erwachsen auch neue Fähigkeiten, diese führen zu neuen Advantages, erweitern den Scope und beeinflussen letztlich auch das Objective.

- **Balanced Scorecard nach Kaplan & Norton.**
  - ○ **Vorgehensweise:**
    - (1) Ursache-Wirkungs-Beziehungen verdeutlichen (Wie kann ich mein Ziel herbeiführen).
    - (2) Mehrere Perspektiven berücksichtigen (Wer wird beeinflusst, wer soll wie beeinflusst werden und welche Folgen hat dies).
    - (3) Ergebnisse der Scorecard in Managementsystem einbetten (Informationsverbreitung,

Umsetzung, Lernprozess).

- **(1) Ursache-Wirkungs-Beziehungen.**
  - ○ Ein oder mehrere Ziele innerhalb einer Perspektive sind aufzustellen (z.B. bestimmte Größe einer Kennzahl).
  - ○ **Zentralen Treiber** dieses Ziels suchen (was führt unmittelbar zu diesem Ergebnis).
  - ○ Einflussfaktoren der Einflussfaktoren untersuchen und aufschreiben, bis sich letztlich Bereiche ergeben, welche mit einfachen Maßnahmen beeinflusst werden können und innerhalb der prognostizierten Folge die Zielerfüllung fördern.
  - ○ **Vergleichbar mit einem Produktionsprozess.**
    - ▪ Input (Maßnahmen) wird eingeworfen, wird verarbeitet und generiert Output (übergeordnete Folgen, wichtig für Zielerfüllung); Output wird letztlich empirisch messbar.
  - ○ **Beispiel**: Umsatz erhöhen als Ziel gewählt; zentraler Treiber ist Anzahl der abgesetzten Produkte; wird beeinflusst von Marketing, Preis und Distribution; hängen ab von …; bis sich letztlich Verkaufsschulungen, Anschaffung neuer Maschinen etc. als konkrete Einzelmaßnahmen ergeben, welche innerhalb dieser Folge zum gewünschten Ziel führen werden.

- **(2) Kennzahlensystem** (mehrere Perspektiven berücksichtigen).
  - ○ Meist werden vier Perspektiven betrachtet: finanzielle, kundenorientierte, intern prozessorientierte und Perspektive des Lernen und Entwickelns.
  - ○ Für jede der einzelnen Perspektiven müssen Unterziele, Kennzahlen, Vorgaben und konkrete Maßnahmen aufgestellt werden, welche zum Prozess innerhalb der BSC führen.
  - ○ Ressourcenallokation spiegelt Erfolg der einzelnen Maßnahmen wider, da empirisch messbar, muss aber nicht zwangsläufig stimmen.
  - ○ Teilziele (z.B. Nachhaltigkeit) spiegeln sich in zentralen Treibers, also Einflussfaktoren des Ziels wider.
  - ○ **Frage nach der Anzahl der Kennzahlen in einer BSC.**
    - ▪ Miller-Studie: „Magical Number 7 plus / minus two"
      - • Mensch ist in der Lage zwischen 5 und 9 Dingen gleichzeitig im Kopf zu haben, ohne überfordert zu werden.
    - ▪ Faustregel von Kaplan & Norton: „twenty is plenty"; 20 Kennzahlen reichen aus.
  - ○ **Leitspruch des Controlling**: „Es wird das gemanaged, was gemessen werden kann."
    - ▪ Ziele sind immer empirisch messbare Kennzahlen des Unternehmens, jedoch geben sie nur zeitverzögert Reaktionen wider (meist wenn es schon zu spät ist).
    - ▪ Betrachtung von Frühindikatoren sehr wichtig, aber nicht empirisch messbar, deshalb soll Scorecard auch nicht-messbare Kennzahlen auflisten, damit Bewusstsein dafür schaffen.

- **(3) Einbettung ins Managementsystem.**
  - ○ **(a) Translating the Vision.**
    - ▪ Aktivitäten des täglichen Geschäfts müssen in Strategie miteinbezogen werden.
    - ▪ Strategie muss auf jeden einzelnen Geschäftsbereich angepasst worden sein, damit jeder Mitarbeiter wissen kann, was er zu tun hat um die Strategie umzusetzen.
      - → Formulierungen / Anweisungen müssen klar und eindeutig sein.
      - => Optimalerweise zeigt die BSC auf Lücken in den Fähigkeiten der Angestellten und Informationssysteme auf.
  - ○ **(b) Communicating and Linking.**
    - ▪ Top Management soll über mittleres und unteres Management dem gesamten Unternehmen die Strategie darlegen und erläutern.
      - => Erfordert Beteiligung der drei Managementstufen bei Strategieformulierung.
    - ▪ Unterschiede zwischen kurzfristigen und langfristigen Zielen werden aufgezeigt und

beobachtet, damit Geschäftsbereiche nicht nur kurzfristig handeln.
- Anreizsystem muss geschaffen werden, welches Angestellte dazu treibt eigene Ziele mit jenen des Unternehmens zu vereinen.
  → Wahl des Anreizsystems entscheidend, damit sich Angestellte nicht nur auf ein Ziel, sondern alle Ziele im Sinne der Strategie fokussieren.
  ◦ **(c) Business Planning.**
- Verschiedene Instanzen / Abteilungen im Unternehmen verfolgen immer eigene Ziele, welche auf deren eigenes Wohl ausgerichtet sind → BSC soll eine Einheitsstrategie schaffen.
- Berücksichtigung verschiedener Perspektiven ermöglicht es gezielte Aktionen zu starten um Strategie nachhaltig umsetzen zu können.
- Meilensteine sollten möglichst genau ausgearbeitet und aufgestellt werden, an welchen sich nicht nur Geschäftsleitung, sondern auch jeder Angestellte orientieren kann.
  ◦ **(d) Feedback and Learning.**
- BSC ermöglicht eine Analyse des Fortschritts der Strategie im Unternehmen.
  → Schnelles Erkennen von Fehlentwicklungen ermöglicht Reaktion.
- Anhand der vier verschiedenen Perspektiven können Marktveränderungen betrachtet und entsprechend angegangen werden.
- In monatlichen Meetings kann das Management darüber entscheiden ob Strategie erfolgreich war, weshalb nicht und ob es das noch in Zukunft sein wird.
  => Bessere Datenversorgung und Kontrolle durch Meilensteine erschafft ein Frühwarnsystem, welches schnell auf Veränderungen reagieren kann.

- **Konzept der Strategischen Kontrolle von Steinmann & Schreyögg.**
  ◦ Oft ist Weg von Strategieentwicklung zur -implementierung sehr schwer, deshalb Modell zur erleichterten Darstellung der notwendigen Schritte.
  ◦ **(1) Durchführungskontrolle**: Kontrolle des Erreichens von Meilensteinen.
  ◦ **(2) Prämissenkontrolle**: Analyse der Annahmen, welche zur Strategieentwicklung führten, oder ob sich Umwelt verändert hat und Annahmen deshalb nicht mehr stimmen.
  ◦ **(3) Strategische Überwachung**: Überwachung / Analyse / Betrachtung von Frühindikatoren, welche anzeigen, ob sich Prämissen der Strategie in Zukunft ändern werden.

- **Strategieumsetzung.**
  ◦ Informationsversorgung führt zu Planung, Ausführung und Kontrolle.
  - Kontrolle benötigt auch direkt Informationen über Ereignisse.
  - Kontrolle liefert neue Informationen für Planung.
  ◦ Strategieumsetzungsprozess ist eingebettet in Unternehmenskultur, Anreize, Organisation, Führung.
  => Kybernetischer Kreislauf; einzelne Bestandteile eines Systems stehen gleichzeitig in stetiger Wechselbeziehung und reagieren auf äußere Einflüsse (Informationen).

Strategisches Management Modelle

- **Boston Consulting Group – Matrix.**

Vorteile	Nachteile
◦ Auf jedes Unternehmen übertragbar.	◦ Vorgegebene Normstrategien greifen nicht bei individuellen Situationen.
◦ Vergleich von (Tochter-)Unternehmen in verschieden Märkten.	◦ Konzept passt nicht auf neue Märkte.
◦ Einfache Matrix zur Bildung von Strategien, nur wenig Kennzahlen sind relevant.	◦ Definition von „niedrig" und „hoch" ist unklar.
◦ Direkte Ableitung von Normstrategien.	◦ Messung der Marktattraktivität nur über prognostiziertes Marktwachstum ist

	ungenau.
◦ Graphische Aufbereitung offenbart Stärken und Schwächen eines Unternehmens.	◦ Strategische Gründe für Erhalt von Poor Dogs (Kundenservice aufbessern, Risikosteuerung).
◦ Betrachtung von Wettbewerb und Zukunft.	◦ Unternehmen kann Marktanteile durch Marketing verändern.
◦ Bedeutung des Umsatzes kann abgelesen werden.	◦ Relevanter Markt ist nicht klar abzusehen, kann verändert oder angepasst werden.

- **Five Forces Model von Porter.**

Vorteile	Nachteile
◦ Systematische Betrachtung aller relevanten Wettbewerbsfaktoren.	◦ Nicht geeignet für Märkte mit hoher Dynamik.
◦ Untersuchung der komplexen Interaktion von Wettbewerbern.	◦ Lediglich Betrachtung struktureller Merkmale.
◦ Fördert Verständnis der Branche.	◦ Vernachlässigung von Kooperationen (zwischen Wettbewerbern oder Vorteile einer eigenen Kooperation).
◦ Einschätzung von Chancen und Risiken.	
◦ Einfaches Modell um Investoren von Erfolg von start-ups überzeugen kann.	◦ Nur eine spezielle Branche wird analysiert, Frage nach „true market" bleibt weiter offen.
◦ Sinnvoll wenn Unternehmen internationalisieren wollen.	◦ Modell wirkt wohlfahrtsreduzierend, da es zum Aufbau hoher Eintrittsbarrieren rät.
	◦ Vernachlässigung von non-market forces (politische Stabilität, Legislative, Macht).

- **Generische Wettbewerbsstrategien nach Porter.**

Kostenführerschaft	
Vorteile	Nachteile
◦ Schutz vor Substituten, mächtigen Kunden oder Lieferanten.	◦ Kostensenkungspotentiale können Wettbewerber ausbauen.
◦ Hohe Eintrittsbarrieren geschaffen.	◦ Kundenanforderungen können sich wandeln.
◦ Wenn Kostenvorteile vorhanden, dann auch späterer Markteintritt erfolgreich.	◦ Umweltbewusstsein der Kunden.
◦ Export und Internationalisierung leichter.	◦ Unvorhergesehene Ereignisse können Kosten negativ beeinflussen.
◦ Keine Beachtung der Qualität.	

Differenzierungsstrategie	
Vorteile	Nachteile
◦ Kundenloyalität als Markteintrittsbarriere.	◦ Hohe Investitionen in Aufrechterhaltung und Ausbau der Marke.
◦ Geringere Preisempfindlichkeit der Kunden.	◦ Starke Konkurrenz durch Kostenführer.
◦ Geringe Nachfragemacht der Kunden.	◦ Potentielle Wettbewerber wegen hohen Gewinnmargen.
◦ I.d.R. Höhere Gewinnmargen.	◦ Nachahmung durch Konkurrenz.

Stuck in the middle // Nischenstrategie

Vorteile	Nachteile
◦ Kombination der Vorteile beider Strategien. ◦ Wird immer wichtiger in Zeiten der zunehmenden Marktsegmentierung ◦ Höheres Gewinnpotential im Verhältnis zu Investitionen. ◦ Flexibilität von Unternehmen erhöht (im Vergleich zu Fokus auf einer Strategie).	◦ Hohe Konkurrenz. ◦ Hohe Marketingkosten. ◦ Hoher Aufwand.

- **Prinzipal Agent Theory.**

Vorteile	Nachteile
◦ Exakte Analysemethoden, logische Konsistenz. ◦ Ruft zu Vorsicht auf, schützt Prinzipal.	◦ Vernachlässigung von Managerdefiziten. ◦ Vernachlässigung der Bedeutung von moralischen Grundsätzen. ◦ Vernachlässigung gesetzlicher Rahmenbedingungen.

- **Involvement vs. Independence // One Tier System vs. Two Tier System.**

Involvement	Independence
◦ Verringerung der Informationsasymmetrie. ◦ Zusammenarbeit zur Optimierung von Zielen und Prozessen. ◦ Kontrolle wird vereinfacht. ◦ Vertretung der Interessen des Unternehmens (nicht unbedingt Interesses der Shareholder). ◦ Schnellere Entscheidungsfindung. ◦ Zu viel Macht für den CEO.	◦ Objektiver Blick auf Geschehnisse. ◦ Strengere Kontrollen möglich, Einschränkung von Befugnisausreizungen. ◦ Vertretung der Interessen der Aktionäre.

- **OAS - Strategie**

Vorteile	Nachteile
◦ Übersichtliches, einfaches Tool zur Strategieimplementierung.	◦ Quantifizierung des Ziels schwierig, nur quantitative Ziele auswählbar. ◦ Bestimmung und Ausbau von Wettbewerbsvorteilen leichter gesagt als getan.

- **Balanced Scorecard.**

Vorteile	Nachteile
◦ Abstimmung der Ziele mit allen Beteiligten. ◦ Vereinfacht die Umsetzung von Strategien und Zielen. ◦ Interne Kommunikation der Strategie. ◦ Berücksichtigung mehrerer Perspektiven. ◦ Auch qualitative Ziele können verfolgt werden.	◦ Subjektiv, z.B. beim Feedback. ◦ Beinhaltet kein Risikomanagement. ◦ BSC erhöht Kommunikationsaufwand und Komplexität. ◦ Schwierige Quantifizierung / Messung der Umsetzung von qualitativen Zielen. ◦ Sehr hoher Aufwand bis zur Vervollständigung der BSC.

◦ Fördert Innovationen und Optimierungen durch Feedback-System. ◦ Kompatibel mit anderen Methoden der Strategieimplementierung wie z.b. Six Sigma. ◦ Training ist nicht zwangsläufig nötig für Umsetzung der BSC. ◦ Vorausschauende Steuerung durch Frühindikatoren. ◦ Fehlentwicklungen sind schnell ersichtlich.	◦ Kosten steigen wegen Aufwand und Zeit der Manager. ◦ Geringe Flexibilität bei sich verändernden Rahmenbedingungen. ◦ Mit zu vielen Kennzahlen verliert die BSC ihre Aussagekraft. ◦ Konzentrierung auf einzelne Kennzahlen kann zu einseitiger Optimierung führen. ◦ Unterstellung von Theory Y.

- **Corporate Governance** – Ob und wie man das Top-Management kontrollieren sollte.
  - ◦ **Verhaltenswissenschaftliche Inhaltstheorien.**
    - ▪ Motivation von Mitarbeitern muss bekannt sein um effizient-wirksame Anreizsysteme schaffen zu können.
  - ◦ **(1) Bedürfnispyramide nach Maslow.**
    - • (I) Grundbedürfnisse zum Leben (Nahrung, Wohnplatz, saubere Atemluft).
    - • (II) Bedürfnis nach Sicherheit und Geborgenheit.
    - • (III) Soziale Bedürfnisse (Freunde, Familie).
    - • (IV) Wertschätzungsbedürfnisse (Zuversicht, Vertrauen, Erfolg).
    - • (V) Bedürfnis nach Selbstverwirklichung.
    - ▪ Heutige Generationen sind friedensverwöhnt, weshalb alles unterhalb sozialer Bedürfnisse als Standard angenommen und beim Fehlen als äußerst schmerzlich empfunden wird.
    - ▪ Wertschätzungsbedürfnisse und Bedürfnis nach Selbstverwirklichung sind Wachstumsmotive, deshalb sollten Anreize im Unternehmen diesen Bedürfnissen entsprechen.
  - ◦ **(2) Zwei-Faktoren-Theorie nach Herzberg.**
    - ▪ Betrachtet Zufriedenheit und Unzufriedenheit auf Arbeit als zwei unabhängige Komponenten.
    - • (1) **Arbeitsunzufriedenheit** oder **Nicht-Arbeitsunzufriedenheit** abhängig von Hygienefaktoren.
      - ◦ Unternehmenspolitik, Arbeitsbedingungen und Beziehung zum Vorgesetzten können Arbeitsunzufriedenheit entgegenwirken, aber nicht Arbeitszufriedenheit fördern.
    - • (2) **Arbeitszufriedenheit** oder **Nicht-Arbeitszufriedenheit** wird von Motivation beeinflusst.
      - ◦ Anerkennung, Verantwortung und Aufstiegschancen können Arbeitszufriedenheit herbeiführen.
    - => Ziel ist es Arbeitszufriedenheit zu fördern und Arbeitsunzufriedenheit zu beseitigen.
    - ▪ Empirisch nicht haltbar, sind Befragungswerte; es gibt andere empirische Studien, welche etwas völlig anderes belegen.

- **„Structure follows Strategy."**
  - ◦ Zusammenhang zwischen der Strategie und Organisationsstruktur, welche sich ersterer anpasst.
  - ◦ Einfluss der **Inertia** (Trägheit der Organisationsstruktur) nicht unterschätzen.
    - ▪ Struktur ist fest verankert, Veränderungen sind nicht gerne gesehen, alte Köpfe wollen nichts neues lernen, hohe Kosten einer Investition lassen erwarteten Nutzen oft vergessen.
  - ◦ M-Form entstand nicht aus vorausschauender Planung, sondern als Reaktion auf Missstände.
  - ◦ Strategie der internationalen Expansion oder Diversifizierung führt zu organisatorischer Ineffizienz und einer Krise, aus welcher das Unternehmen mit neuer Organisationsstrategie gestärkt herausgehen wird.
  - ◦ Optimale Organisationsstruktur war damals nicht bekannt, man musste „experimentieren" / ausprobieren und dennoch kommen unterschiedliche Unternehmen zu ähnlichen Ergebnissen.

- **Bausteine der Organisationsgestaltung.**
  - **Aufbauorganisation**: Statisch, Kompetenz- und Verantwortungsbereichsverteilung.
    - Befasst sich mit Langzeitaufgaben und -regelungen, welche Betrieb strukturieren.
    - Lagerentnahme → Fertigung → Auslieferung.
  - **Ablauforganisation**: Dynamisch, Verknüpfung der Arbeitsprozesse.
    - Regelungen von Produktionsprozessen zur Effizienzsteigerung.
    - Kundenauftrag entgegennehmen → Produktion vorbereiten → Produktion → Auslieferung.

- **Organisationskoordination.**
  - Drei Arten der Koordination mittels
    - **(1) Unmittelbare persönliche Kommunikation.**
      - Persönliche Weisung (Chef-Untergebener-Beziehung, üblich in kleineren Firmen).
      - Selbstabstimmung (Partner-Beziehung, gegenseitige Absprachen, üblich in Partnerships).
    - **(2) Technokratisch bestimmte Kommunikation.**
      - Programme (Verhaltenssteuerung, tendenziell in TQM-Unternehmen).
      - Pläne (Ergebnissteuerung, tendenziell in Banken und Versicherungsanstalten).
      => Programme und Pläne kommen in allen Unternehmen vor, nur unterschiedlich gewichtet.
    - **(3) Handlungsleitende Mechanismen.**
      - Interne Märkte (Handel von Tochtergesellschaften untereinander; fördert wirtschaftliches Denken).
      - Organisationskultur (gemeinsame Kultur vereinfacht Koordination von Strategien und Aufgaben).

- **Managerdefizite.**
  - Opportunismus (Eigeninteresse oder Arbeitsscheu).
  - Kognitive Begrenzungen (Wahrnehmungsdefizite, Prognosedefizite, Bewertungsdefizite).
  - Prinzipal-Agent-Theorie befasst sich nur mit Möglichkeit / Erwartung von Opportunismus, nicht aber mit Möglichkeit der kognitiven Begrenzung.

- **Kontrolle des Managements durch die Eigentümer.**
  - Wichtig für Bekämpfung von Opportunismus und „over confidence".
  - Konkrete Möglichkeiten der Einflussnahme der Eigentümer.
    - (1) Aktienverkauf und -einkauf (Wenn Managementverhalten Aktionäre „vergrault" und Kurse fallen, geraten Manager in Erklärungsnot und können entlassen werden).
    - (2) Einflussnahme auf das Management durch Anbieter spezieller Stimmrecht-Dienstleistungen (eigenes, unbedeutendes Stimmrecht an Bank abgeben, welche mein Interesse vertritt).
    - (3) Einflussnahme über die Hauptversammlung (Wahl des Aufsichtsrates, Abstimmung über Gewinnverwendung, Mitbestimmung über Unternehmensstrategie).

- **Two-Tier-System.**
  - In deutschen Aktiengesellschaften vertretenes Trennungsmodell.
  - **Hauptversammlung** aller Aktionäre (Beschlussorgan) wählt den Aufsichtsrat.
  - **Aufsichtsrat** (Überwachungsorgan) bestimmt den Vorstand gemeinsam mit Arbeitnehmervertretern.
  - **Vorstand** (Leitungsorgan) ist zuständig für Unternehmensführung und -ausrichtung.

- **One-Tier-System.**
  - Im anglo-amerikanischen Bereich wichtiges Vereingiungsmodell in Public Corporations.
  - Shareholders wählen Board of Directors (BoD), welcher Leitung und Überwachung in sich vereint.

- Inside Directors (Angestellte des Unternehmens) haben Leitungsaufgaben, wohingegen Outside Directors (externe Wirtschaftsprüfer) nur Kontroll- und Überwachungsaufgaben haben.
  → Informationsasymmetrie von Internen gegenüber Externen macht letztere weniger bedeutend für Unternehmensführung.
  - Executive Officers (CEO, CFO) sind ebenfalls Mitglieder im Executive Commitee.

- **Vergleich der beiden Modelle.**
  ○ Im Two gibt es viel Informationsasymmetrie, da Vorstand deutlich mehr über (operative) Unternehmenstätigkeit weiß als Aufsichtsrat und deshalb freier handeln kann.
    - Weiterhin weiß Hauptversammlung viel weniger als Aufsichtsrat, was letzterer zu seinem Vorteil ausnutzen kann.
  ○ Lösung des Problems wäre ein höheres Involvement des Aufsichtsrats mit dem Vorstand, z.B. gemeinsam Projekte führen o.ä.
  ○ Informationsasymmetrie von Two wurde in One aufgehoben, da CEO sowohl leitet als auch kontrolliert, was aber zu einer Machtkonzentration führt.
    => Es gibt keine klare Trennung von Leitung und Kontrolle mehr.

> **Grundlegendes Dilemma der Kontrolle: Independence vs. Involvement.**

- **Mitbestimmungsrechte der Mitarbeiter im Betrieb.**
  ○ Mitarbeiter können auf diversen Wegen Einfluss auf das Unternehmen ausüben.
  ○ (1) Über Arbeitnehmervertreter im Aufsichtsrat.
  ○ (2) Über Mitbestimmungs-, Mitwirkungs- und Informationsrechte des Betriebsverfassungsgesetzes.
  ○ (3) Durch Reduktion ihres Arbeitseinsatzes (arbeiten nach Plan), whistleblowing von unangenehmen Fakten an die Medien oder durch exit des Unternehmens.
  ○ (4) Leitende Angestellte haben Unterrichtungs- und Beratungsrechte über Sprecherausschuss.
    → Beispiel für Überregulierung durch Staat, da Top-Management sowieso mittleres und unteres Management unterrichten wird, aus Effizienzgründen.

- **Betriebsrat.**
  ○ Firmen mit mehr als 5 festangestellten, erwachsenen Mitarbeitern haben Pflicht einen Betriebsrat auf Verlangen der Belegschaft zu gründen.
  ○ **Argumente für einen Betriebsrat**: (i) Partizipation der Mitarbeiter führt zu Motivationssteigerung und besserem Commitment, (ii) Entlastung der Führungsebene führt zu besseren Entscheidungen, da sich Arbeitnehmervertreter mehr Zeit nehmen können.
  ○ **Argumente gegen einen Betriebsrat**: Potentieller Störenfried, schadet Reputation.
  ○ **Rechte des Betriebsrates.**
    - In sozialen Angelegenheiten (Arbeitszeiten, Urlaubsplan etc.) Mitbestimmungsrecht.
    - In personellen Angelegenheiten (Einstellung, Versetzung) Mitwirkungsrecht.
    - Beratungsrecht bzgl. Berufsausbildung, Arbeitsabläufen.
    - Anhörungsrecht bei Kündigungen.
    - Informationsrecht bei Personalplanung, organisatorischen Veränderungen.
      => Betriebsrat genießt höheren Kündigungsschutz.

- **Die vierte industrielle Revolution.**
  ○ Erste Industrielle Revolution UK 1760 – 1840 Dampfmaschinen.
  ○ Zweite Industrielle Revolution USA 1840 – 1950 Fließband.
  ○ Dritte Industrielle Revolution JP 1950 – 1995 Programmierbare Maschinen.
  ○ Vierte Industrielle Revolution 1995 – Zukunft Cyber Physical Systems.

- Maschinen kommunizieren untereinander, kein Eingreifen eines Menschen mehr erforderlich.
- Internet 4.0 als deutscher Begriff eingeführt worden.
- Internet of things //Industrial internet als englische Begriffe.
  → Wird aber auch als Evolution der dritten Industriellen Revolution angesehen.

- **Fabrik 4.0 – Das Unternehmen der Zukunft.**
  ◦ Verknüpfung aus unter anderem fünf Faktoren zeichnet die Fabrik der Zukunft aus.
  ◦ **(1) Cloud Computing.**
    ▪ Bereitstellung von Rechen- und Netzwerkkapazitäten, Betriebssystemen, Speicherplatz, Datenbanken und Ähnlichem → **Cloud Dienste.**
    ▪ Nutzung von Cloud Diensten → **Cloud Computing**.
    ▪ Kostenreduktion durch Verlagerung der Speicherkapazitäten an IBM, Google, Amazon, SAP.
    ▪ **Public-Clouds** bezeichnet Hardware, welche die Daten von mehreren Kunden beinhaltet.
    ▪ **Private-Clouds** nennt sich Hardware, welche nur die Daten einer einzigen Person speichert.
    • Höheres Sicherheitsniveau als Public-Clouds.
    ▪ Hybride Formen aus Public-Clouds und Private-Clouds kommen immer häufiger auf.
    ▪ **Vorteile**: Professionalisierung (Sicherheit, Wartung der Daten von Spezialisten), Flexibilität der Kapazitäten und Kosteneinsparungen.
    ▪ **Nachteile**: Sicherheitskontrollen können nicht eingesehen werden, Abhängigkeit zum Cloudanbieter, da Daten nach Löschung immer noch genutzt werden könnten.
  ◦ **(2) Big Data.**
    ▪ Big Data ist die Speicherung von massenhaften Daten und komplexen Zusammenhängen.
    • Wichtig für die Prognose von Trends und Kaufverhalten sowie der Entwicklung neuer Produkte (wirtschaftliches Interesse).
    • Entwicklung und Verkauf von Datenspeicherungs- und -verarbeitungssoftware wird lukrativer (ökonomisches Interesse).
    ▪ **Vorteile** von **Big Data** sind zuverlässigere Absatzprognosen, individuellere Angebote und Beratung sowie erhöhte Absatzchancen durch Marktmonitoring, bessere Einschätzung finanzieller Risiken und effizientere Personalbeschaffung.
    • Verfügbarkeit von Daten ermöglicht Verhaltensanalysen und kann sogar zur Änderung des Geschäftsmodells führen.
    ▪ Handelsketten können Informationen zur Optimierung der Prozesse und Strategien intern einsetzen oder extern z.B. an Markenlieferanten weiterverkaufen um neue Produktdesigns oder Produkte zu fördern → **Informationshandel**.
    ▪ Jedoch ethische Bedenken gegen Informationshandel und Gesetzesinitiativen zur Löschung von Daten.
  ◦ **(3) Sensoren.**
    ▪ Werden immer günstiger, da Nachfrage einen Markt geschaffen hat, deshalb zukunftsrelevant.
    ▪ RFI-Chips beinhalten viel mehr Daten als Barcodes, sodass z.B. Kleidungsstück zu Hause „anprobiert" werden kann, ohne es zu besitzen.
    ▪ **Radio-Frequenz Identification Technologie (RFI)**: Sender (Transponder) und Empfänger kommunizieren kabellos über Radiowellen miteinander.
    ▪ **Near Field Communication (NFC)** ist die Weiterentwicklung der RFI und erlaubt Zahlungsvorgänge mit einem NFC-fähigen Gerät (Smartphone) zu tätigen.
    ▪ Verarbeitung von entsprechend vielen Informationen benötigt leistungsstarke und stromsparende Geräte, da diese rund um die Uhr laufen sollen.
    • **SoCs** vereinen Grafikkarten, Prozessoren und Speicher in einem Chip, **ARM** wird in den meisten Smartphones genutzt.
  ◦ **(4) Drei-D-Druck.**
    ▪ 3D-Druck bietet vielzählige Möglichkeiten, vor allem wenn Spezialteile benötigt werden oder Unikate (Medizin) hergestellt werden müssen.

- 3D-Druck kann mittlerweile mit Plastik, organischem Material, Stahl und Keramik arbeiten.
  - **Additive Manufacturing**: Lagen aus Verbrauchsmaterial werden aufgeschichtet und aus dem „Nichts" entsteht etwas.
  - **Subtractive Manufracturing**: Aus einem Materialblock wird mittels fräsen und aushöhlen der gewünschte Gegenstand geschaffen.
- Aktuelle Probleme beim 3D-Druck: Lange Herstellungsdauer, hoher Preis, noch unausgereifte Innovationen, Verbund von unterschiedlichen Materialien noch nicht möglich.
  - **(5) Robotertechnologie.**
    - Roboter / Maschinen sind heute starr programmiert, in Zukunft sollen Systeme dank KI lernen können und „mitdenken".

- **Fallbeispiel: Supply Chain Management von Apple.**
  - Gemeinsam mit P&G und Amazon ist Apple im Top 3 Ranking der effizientesten Supply Chain Systeme.
  - Lagerbestände in dieser Branche verlieren unglaublich schnell an Wert, weshalb Zwischenprodukte schnell verarbeitet und Fertigprodukte schnell verkauft werden müssen.
    - Wenn technologische Neuerung oder Konkurrent neues Gerät vorstellt, dann verringert sich Preis drastisch.
  - Bezug von Materialien über viele Händler, von Spezialteilen aus Europa, Lieferung nach China, wo Produktion / Zusammensetzung der Produkte hauptsächlich vollzogen wird.
  - In China selbst müssen zahlreiche Zulieferer und Produktionsstätten koordiniert werden.
    - Von China zu allen Vorbestellern und nach Elk Grove, zentrales Warenlager in Kalifornien.
  - Am Ende des Produktlebenszyklus gewährt Apple die Möglichkeit die ausgedienten Produkte kostenfrei zurückzugeben.
  - **Was macht die Supply Chain so besonders?**
    - Vermeidung von Lagerungszeiten, Abbau von Lagerhäusern und Konkurrenz zwischen Zulieferern schüren → Im Durchschnitt lagern Produkte maximal 5 Tage im Lager.
    - Nachfrage-Planung berücksichtigt Produktlebenszyklus der Geräte sowie technologischen Stand um möglichst genau zu sein und Zulieferer darauf vorzubereiten.
    - → Wenn sich Apple vieler Lieferanten von wichtigen Ressourcen bedient, bleiben weniger für Konkurrenz übrig.
  - **Aufbau der Supply Chain von Apple.**
    - Sourcing (Woher kommen die Einzelteile, Rohstoffe, Ausgangsmaterialien).
    - Manufacturing (Herstellung) und Warehousing (Zwischenlagerung).
    - Distribution über Online Stores, Vertriebsstätten oder Handelsgewerbe.
    - Return / After-Sales-Services / Closing the loop (Garantie, Verwertung der kaputten Geräte).
      - **Profitaspekt**: Viele Edelmetalle in Elektroschrott, deshalb alte, defekte etc. Geräte zurückgenommen.
      - **Nachhaltigkeitsaspekt**: Chemikalien und sonstiges Umweltschädliches soll vom Elektroschrott nicht wieder in die Natur gelangen, Apple hat Möglichkeiten dies zu verhindern.
  - Nachhaltigkeit umfasst nicht nur die Produktion, sondern den gesamten Produktlebenszyklus.
    - Hohe CO_2 – Emissionen z.B. erst bei Benutzung (Energiekosten am Bsp. Waschmittel wegen hoher Energie zur Erwärmung des Waschwassers).

- **Allgemeines zum Supply Chain Management.**
  - Frage nach dem Make-or-Buy stellt sich unweigerlich jedem Produzenten.
    - Wie oft kaufen? Bei wem? Wie viele Sachen? Wird meine Qualität dadurch beeinflusst? Bleibe ich dann noch flexibel?

- SCM ist ein Prozess der Planung, Umsetzung und Kontrolle der Lagerung von Gütern, Koordination dazugehöriger Dienstleistungen und Informationsflüsse.

- **Procurement Einkaufsmodelle für Produzenten.**
  - Beschränkung auf Rohstoffe, Vernachlässigung von Investitionsgütern im Exam.
  - Rohstoffe / Ausgangsmaterialien können in drei Klasse A, B und C unterteilt werden um deren Wichtigkeit und Koordinationsbedarf anzugeben.
  - **Die ABC-Analyse. '**
    - ABC-Analyse erleichtert die Bedarfsplanung, da nicht jedem Beschaffungsgegenstand die gleiche (hohe) Aufmerksamkeit geschenkt werden kann.
    - Einteilung der Entscheidungsgegenstände in die Kategorien A, B und C um wichtige Produkte von weniger wichtigen zu trennen.
    - Es gibt einige Güter, welche einen hohen Gesamtverbrauchswert besitzen, aber nur in begrenzten Mengen vorhanden sind (Hohe Anschaffungskosten) → Einordnung in Kategorie A.

> 20:80 Regel: 20% der Kunden machen 80% des Gewinns aus; 20% der Materialien machen 80% der Kosten aus. 20:80 Regel wird bei ABC Analyse sogar überschritten: 10% der Güter (A-Güter) machen 80% der Kosten aus (→ Pareto-Gesetz).

- Kategorie C beinhaltet die Güter, welche häufig vorhanden sind, aber nur einen geringen Gesamtverbrauchswert besitzen.
- A-Güter erfahren eine intensive Bedarfsmarktforschung, exakte Bedarfsberechnung und eine Berechnung der optimalen Bestellmenge.
  - Bedarfsermittlung mittels der *programmorientierten Materialbedarfsermittlung.*
- B- und C-Güter können mit Routineprogrammen (einfaches Bestandsmeldesystem, Bestellungen, Abrufe) behandelt werden.
  - Bedarfsermittlung mittels der *verbrauchsabhängigen Materialbedarfsermittlung.*
  - **Unterteilung der Güter in XYZ-Güter → nicht so klausurrelevant.**
    - X-Güter: Konstanter Verbrauch, kaum Nachfrageschwankungen.
    - Z-Güter: Volatiler Verbrauch, meist Einzelteile, deren Nachfrage man nicht errechnen kann.
  - **Procurement (= Beschaffung) Modi.**
    - (I) Abhängig von der Anzahl der Zulieferer unterscheidet man zwischen Single und Multiple Sourcing.
    - **(1) Multiple Sourcing.**
      - Aufteilung von Bestellmengen auf mehrere Lieferanten.
      - **Vorteile**: Konkurrenz fördern, Lieferstörungen reduzieren und eine Abhängigkeit vermeiden.
      - **Nachteile** sind organisatorische Probleme / Aufwand und Verlust der Massenrabatte.
    - **(2) Single Souring.**
      - Gesamte Bestellmenge auf einen Lieferanten verteilen.
      - **Vorteile**: Massenrabattierungsvorteile, Zuverlässigkeit durch vertragliche Verpflichtung (steigt mit der Dauer des Vertrages) und Möglichkeit der Just-in-Time – Lieferungen.
      - **Nachteile**: Hohe Abhängigkeit und keine Tiefenfertigungsreduzierung möglich.
    - (II) Abhängig vom Bezugsort unterscheidet man Local, Regional und Global Sourcing.
    - *Local Sourcing*: Lieferantenpolitik, welche sich auf eigenen Standort bezieht (Nähe zum Verbraucher).
    - *Regional Sourcing* bezieht sich auf eine gesamte Region.
    - *Global Sourcing* erweitert das Lieferantensystem auf den gesamten Weltmarkt.
      - Zum Aufbau eines weltweiten Lieferantennetzwerkes benötigt es Beschaffungsmarktinformationen aus dem Regional Sourcing.
      - **Vorteile** sind langfristige Sicherstellung von Lieferkapazitäten, Risikosteuerung,

Technologiezufuhr, Flexibilität durch reduzierte Abhängigkeit, Kostensenkungspotentiale, Qualitätsverbesserung durch größere Auswahl sowie eine hohe Markttransparenz.
- ◦ **Nachteile** sind Transportdauer und -kosten, Umweltbelastung, Wechselkursschwankungen, unterschiedliche Rechts- und Steuersysteme, Kommunikationsbarrieren, unterschiedliches Qualitätsverständnis sowie Transportrisiken.
- ▪ (III) Abhängig vom Bestellverfahren unterscheidet man das Bestellpunktverfahren (based on fixed quantities) und das Bestellrythmusverfahren (based on fixed order intervalls).
- **(1) Bestellpunktverfahren.**
- ◦ Das Bestellpunktverfahren wird häufig gewählt um die Bestellmenge und -zeitpunkt abzuleiten.
- ▪ Feste Bestellmenge, aber variabler Bestellzeitpunkt.
- ◦ Bei Aufzeichnung der Lagerbestände wird ein Melde- und Sicherheitsbestand gewählt.
- ▪ (1) *Meldebestand*: Erreicht Lagerbestand diesen Wert, so wird neue Bestellung in Auftrag gegeben.
- ▪ (2) *Sicherheitsbestand*: Einkalkulierter, niedrigster Lagerbestand (ungleich 0) um ungedeckte, unerwartete Nachfrage stillen zu können.
- ◦ *Beschaffungszeit* ist Zeit zwischen dem Erreichen des Meldebestandes und Eintreffen der neuen Ware.
- ▪ Festgelegte Zeitspanne, aber unterschiedlicher Verbrauch von Waren, weshalb der Sicherheitsbestand meist über- oder unterschritten wird.
- ▪ Umfasst die *Wiederherstellungs*- und *Überprüfungszeit* aber auch die Vorhersagegenauigkeit und Zuverlässigkeit der Lieferanten.
- **(2) Bestellrhythmusverfahren.**
- ◦ Flexible Bestellmenge, aber festgelegter Bestellzeitpunkt.
- ◦ Bestimmung eines Höchstbestandes, nach jedem Intervall wird der Lagerbestand gemessen und exakt die Menge bestellt, welche im Intervall verbraucht wurde.
  → Zu Beginn jedes Intervalls liegt die gleiche Menge an Materialien vor.
  => Wird zur Bestellung von B- und C-Gütern verwendet.
- ◦ Lagerbestandskontrollen des Bestellpunktverfahrens entfallen und Intervallmenge kann an Lieferantenbedingungen angepasst werden.
- ▪ Jedoch höhere bestellfixe und Lagerungskosten sowie geringe Massenrabatte.
  => Kombination aus dem Bestellpunkt- und Bestellrythmusverfahren vereint alle Vorteile.

- **Mathematische Herangehensweise an die Frage nach dem Make-or-Buy.**
- ◦ Mathematische Modelle sind immer rein konstruiert worden, reduzieren die Realität auf eine (oder mehrere) bestimmte, zu untersuchende Eigenschaften.
- ▪ Hier werden z.B. strategische Überlegungen völlig unberücksichtigt gelassen, wenn z.B. Eigenproduktion aus Unabhängigkeitsgründen oder zum Aufbau von Fähigkeiten betrieben wird => Man muss sich Aussagekraft mathematischer Modelle immer im Klaren sein.
- ◦ **Hilfe zur Abbildung.**
- ▪ Bestellfixe Kosten sowie Einkaufspreis von Waren determinieren Kurvenverlauf für Lieferung.
- ▪ Anschaffungs- / Investitionskosten und Produktionskosten determinieren den Verlauf der Eigenproduktionskurve.

- Liegt die Nachfrage / der benötigte Wert an Waren über x* so ist Eigenproduktion sinnvoller und umgekehrt.
  → Volatilität des Marktes beachten, ist Auslastungsrisiko zu hoch, dann lieber weiter kaufen.[5]

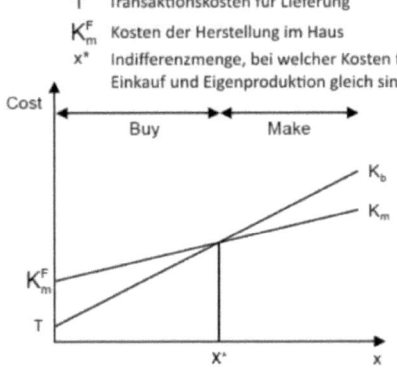

T   Transaktionskosten für Lieferung
K_m^F Kosten der Herstellung im Haus
x*   Indifferenzmenge, bei welcher Kosten für Einkauf und Eigenproduktion gleich sind

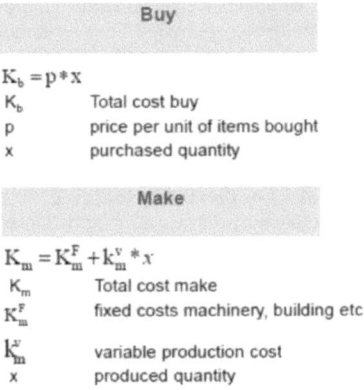

$$K_b = K_m = K_m^F + k_m^v * x = p * x$$
$$\Rightarrow x^* = \frac{K_m^F}{p - k_m^v}$$

Buy

$K_b = p * x$
K_b Total cost buy
p price per unit of items bought
x purchased quantity

Make

$K_m = K_m^F + k_m^v * x$
K_m Total cost make
K_m^F fixed costs machinery, building etc.
k_m^v variable production cost
x produced quantity

- Wenn man sich für das Buy entschieden hat, muss man sich über eine geeignete Bestellmenge (und damit verbunden Bestellhäufigkeit) Gedanken machen.
- EOQ = Economic order quantity, welche berechnet werden soll.

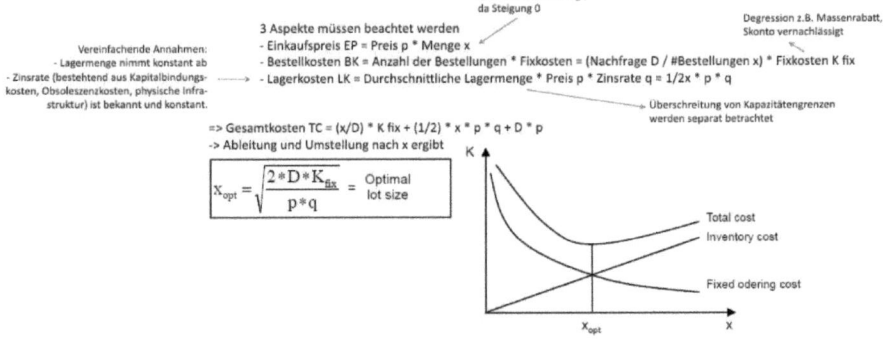

$$X_{opt} = \sqrt{\frac{2 * D * K_{fix}}{p * q}} = \text{Optimal lot size}$$

- Verfahren um unterschiedliche Kriterien von Lieferanten quantitativ auswerten zu können und die Auswahl an möglichen Lieferanten (stark) einzugrenzen.
- Must-have-Kriterien (in der Regel 5-6) sind Ausschlusskriterien, wenn nicht erfüllt.
- Qualitative Kriterien (in der Regel 15-25) werden individuell gewichtet.
  - Subjektive Bewertung der einzelnen Kriterien auf einer Skala von 1-6.
  - Vergebene Werte werden mit Gewichtungsprozentsatz multipliziert und am Ende zusammen addiert.
  - 3 bis 5 Lieferanten mit dem höchsten Supplier Scoring werden zu persönlichen Gesprächen

---

5   Selbst erstellte Grafiken

eingeladen.

- **Supplier Management: Vereinfachende Relationen.**
  - ◦ Nur konzeptionelle Modelle, keine empirische Messbarkeit von Kosten-Nutzen-Relationen.
    - ▪ Soll Verknüpfungen mit steigenden Kosten und abnehmenden Nutzen verdeutlichen.
  - ◦ Bestimmung der optimalen Anzahl an Zulieferern.
    - ▪ Komplexitätskosten nehmen immer weiter zu, wenn mehr Zulieferer dazugenommen werden.
    - → Punkt, an welchem Differenz aus Gesamtnutzen aller Zulieferer und Gesamtkosten am höchsten ist, ist optimale Anzahl an Zulieferern.
  - ◦ Gleiche Vorgehensweise bei Bestimmung des optimalen Grades an regionaler Diversität und Bestimmung der optimalen Vertragslänge.
    - ▪ Je länger eine Vertragsbeziehung, desto höher die Abhängigkeit zum Zulieferer, dann verringert sich der Wert des aufgebauten Vertrauens zunehmend.

- **Outsourcing Modelle.**
  - ◦ On Shore = im (Heimat-)Land, Off Shore = nicht im (Heimat-)Land.
  - ◦ **External + On shore: Outsourcing** verteilt Aufgaben / Dienstleistungen oder Problemlösungsprozesse an externe Unternehmen, welche sich darauf spezialisiert haben.
    - ▪ Vorteile des Make-or-Buy auf einem Teilbereich angewandt, aber Kostenreduktion nicht immer möglich.
  - ◦ **Internal + Off shore: Offshoring** bedeutet die Auslandsverlagerung der Wertschöpfungsprozesse für eine Kostenminimierung (Steuer- und Rechtsformvorteile).
  - ◦ **Internal + On shore: Internal / Captative Offshoring** geschieht über Tochterunternehmen im Heimatland.
  - ◦ **External + Off shore: Offshore Outsourcing** bezeichnet die Auslandsverlagerung an externe Unternehmen.

- **Supply Chain Strategie von Henkel.**
  - ◦ **Vier Prioritäten.**
    - ▪ (1) Logistikkosten senken (Massenproduktion, Make-or-Buy, dezentraler Verkauf, Produktionsstätten vor Ort, gebaut wo hohe Bevölkerungsdichte).
    - ▪ (2) Economies of Scale nutzen (Technologien kombinieren, Mindestproduktionsmenge pro Produktionsstätte festlegen).
    - ▪ (3) Technologien, Prozesse und Systeme vereinfachen (Benchmarking, Planung, Kontrolle).
    - ▪ (4) Organisationsstruktur verbessern (Mitarbeiter schulen, klare Hierarchie und Verantwortlichkeit).
  - ◦ **Vorgehensweise bei Auswahl von Standorten für Produktionsstätten.**
    - ▪ **Phase 1: SC Strategie.**
      - • Wettbewerberstrategien kennen und berücksichtigen, eigene Strategie wettbewerbsfähig machen, interne Hindernisse (Kapitalbedarf) beseitigen.
    - ▪ **Phase 2: Anpassungsbedarf der Produktionsstätte.**
      - • An regionale Besonderheiten (Wettbewerb, Zugang zu Ressourcen, Infrastruktur).
      - • An politische Bedingungen (Steuern, Zölle, Wechselkurs, politisches Risiko).
      - • An lokale Nachfragestruktur (Menge, Qualitätsansprüche, Umweltbewusstsein).
    - ▪ **Phase 3: Positive, wünschenswerte Bedingungen.**
      - • Frage nach Mitarbeiterqualifikation, Flexibilität der Produktionsstätte, möglicher Ausbau der regionalen Infrastruktur.
    - ▪ **Phase 4: Endgültige Wahl des Ortes der Produktionsstätte.**
      - • Logistik- und Kosten der Produktionsfaktoren beachten, mit Vorteilen abwägen.
    - => Risikoabschätzung einer neuen Produktionsstätte wird nicht (nur) empirisch gemessen, sondern vielfach auch (lediglich) mit Erfahrungen und Heuristiken begründend unterstützt.

- **Operatives Management.**
  - ◦ Frage nach der Ausgestaltung des SCM in einzelnen Betrieben.
  - ◦ Ziele sind dabei Qualität, Kosten, Flexibilität und Nachhaltigkeit.
    - ▪ **(1) Qualität.**
    - • Kosten für Prävention von Ausschuss erhöhen sich je niedriger die Ausschussrate ist.
    - • Fehlerkosten reduzieren sich mit sinkender Ausschussrate.
    - → Optimum der Kosten liegt nicht bei Ausschussrate von 0, sondern im zweistelligen Bereich.
    - • **Argumente für trotzdem Anstreben von 0% Ausschuss.**
      - ◦ Verwertung / Entsorgung / Recycling des Ausschusses wird teuer.
      - ◦ Garantieansprüche und Gewährleistungen können teuer werden.
      - ◦ Reduktion der Präventionskosten z.B. über **Kaizen-Management.**
        - ▪ Jeder Mitarbeiter darf darüber entscheiden ob und was im Produktionsprozess besser gemacht werden könnte (und seine Ansichten mit Vorgesetzten teilen).
        - → Kontinuierlicher Verbesserungsprozess (KVP) angestrebt.
    - • **Eisberg Modell.**
      - ◦ Kosten für Qualität sind interne und externe Fehlerkosten sowie Präventions- und Bewertungskosten.
        - ▪ Empirische, quantifizierbare, offensichtliche Kosten sind jedoch nur die Spitze des Eisbergs.
        - ▪ Versteckte Kosten sind qualitativer Art, können nicht genau gemessen werden, bedürfen aber enorm hoher Kosten (weil zeitaufwendig) um wieder ausgeglichen zu werden.
        - → Deshalb **Faustregel**: Externe Fehlerkosten 10x so schlimm wie interne.

> **Ausblick Flexibilität.**
> Besonders wichtig, wenn Nachfrage schwankt, Produktionsprozess oder Produkte hochkomplex sind und es viele mögliche Produktvariationen gibt. Dann just-in-time Produktionen wichtig, meist werden dafür Lieferanten in der Nähe gewählt.

- ▪ **(2) Nachhaltigkeit.**
- • CO_2 Gehalt in der Atmosphäre hat in den letzten 200 Jahren enorm zugenommen.
  - → Anthropogener (= von Menschen verursachter) Effekt.
- • Selbst wenn sofort alle Emissionen gestoppt werden würden, würde Temperatur über die kommenden Jahre weiter steigen.
- • Würden Emissionen nicht aufgehalten werden, würde Temperatur jährlich um ca. 2°C steigen.
- • Wenn nur 4% der Emission jährlich reduziert werden würde, dann steigt Temperatur über die Jahre nur um insgesamt 2°C weiter an.
  - => Anpassung an globale Erwärmung unabdingbar, aber Reduktion der Temperaturerhöhungen möglich.
- • **Nachhaltige Unternehmen** zeichnen sich durch drei Eigenschaften aus.
  - ◦ Profitabilität: Ansonsten würde kein Unternehmen am Markt verbleiben.
  - ◦ Umweltfreundlich: Reduzierter CO_2 Ausstoß und ressourcenschonende Produktion.
  - ◦ Arbeitnehmerfreundlichkeit: Keine Ausbeutung der Arbeiter in der dritten Welt.
- • Möglichkeiten der **Nachhaltigkeit im SCM** sind vielfältig.
  - ◦ **Rohstoff** vieler Konsumgüter ist Palmöl, für dessen Anbau jährlich viele Hektar Regenwald gerodet werden.
    - ▪ NGOs machten Druck, sodass Unilever, Nestle und Co. einen Runden Tisch gründeten und sich für nachhaltigen Anbau von Palmen einsetzten.
  - ◦ **Green Chemistry** in der Textilverarbeitung, Verwendung ökologisch abbaubarer, nicht schädlicher Chemikalien.
  - ◦ **EU Emissionszertifikatsystem**: Unternehmen müssen Zertifikate kaufen, welche gewissen Emissionsgrad erlauben.

- ○ **WEEE**: Initiative von Elektroherstellern die defekten oder nicht länger gewollten Geräte wieder zurückzunehmen und umweltfreundlich zu verwerten.
- **Wiederholung: 3 H's im Denken der BWLer.**
  - ○ **Herrschaft**: Management soll motivieren und zum Arbeiten antreiben.
    → Strategieformulierung und -implementierung.
  - ○ **Haushalten**: Produktion zielt auf Effizienz ab, Economies of Scale, Timemanagement, Costmanagement, TQM → Supply Chain Management.
  - ○ **Handeln**: Marketing beschäftigt sich mit Exchanges (Arbeitsteilung, Tausch).
    → Marketingtheorien und -geschichte.

- Massendistribution erschließt nationale Märkte und expandiert danach international.
- Was ist Business? - Marketingleute, Produktionsleute und Management.

- **Wiederholung Vertikale Integration.**
  - ○ **Principal-Agent-Theory** trieb Produzenten zu Internalisierung, Frage nach Hierarchie (make) oder Markt (buy).
  - ○ Von 1840 bis 1960 dominierten zwei-stufige Distributionskanäle (Produzent → Großhändler → Einzelhändler → Kunde; zwei Instanzen zwischen Produzenten und Kunden).

	make	buy
Produktion	Insourcing	Outsourcing
Absatz / Vertrieb	Direkter Vertrieb	Indirekter Vertrieb
Transaktionskosten-theorie	Hierarchie	Markt

  - ○ Von 1960 bis heute dominieren ein-stufige Distributionskanäle (Produzent → Händler → Kunde).
  - ○ Trend des null-stufigen Distributionskanals über das Internet, welcher 2020 dominieren wird.

- **Tedlow's Phasenmodell der Marketinggeschichte in den USA.**
  - ○ Geschichte der Großunternehmen = Geschichte des Marketings.
  - ○ **Phase 1: Fragmentierung.**
    - Bis zur zweiten industriellen Revolution 1880.
    - Geprägt von fragmentierten Märkten, lokaler Vertrieb.
    - Hohe Margen durch hohe Preise erzielt, zu geringe Produktionsmengen um Bedarf der Volkswirtschaften decken zu können.
    - Keine Verpackungen, Transport in Fässern, erst im Einzelhandel in Portionen abgefüllt (Konfektionierung) und verkauft → Kein Branding.
      => Keine technologischen Möglichkeiten etwas daran zu ändern.
  - ○ **Phase 2: Integration.**
    - Innerhalb der zweiten industriellen Revolution von 1880 bis 1950.
    - Geprägt von technologischen Neuerungen im Transport, Energie und Kommunikation sowie politischer Stabilität.
    - Es werden immer geringere Margen erzielt, Preiskämpfe, geringere Stückkosten und wachsende Produktionsmengen.
    - Verpackungsmaschinenindustrie boomt, denn Markenname auf Verpackung erhöht Markenbekanntheit und Marktanteile → Branding wird immer wichtiger.
    - Massendistribution und First-Moder-Advantage machen viele Unternehmen innerhalb der gesamten Nation bekannt und erhöhen Markteintrittsbarrieren.
      => Integrationsphase, da ganze nationale Märkte erstmals in die Distribution integriert werden.

> Produzenten und Manager deuten Industrielle Revolutionen unterschiedlich, deshalb Widersprüche zu vorigen Seiten.

- ○ **Phase 3: Segmentierung.**
  - ▪ Innerhalb der dritten industriellen Revolution von 1950 – 1995.
  - ▪ Geprägt von segmentspezifischen Marken, intensiver Marktforschung und Segmentierung.
  - ▪ Neue Märkte wurden geschaffen indem alte Märkte unterteilt wurden und individuelle Bedürfnisse der Kunden angesprochen / geweckt wurden.
  - ▪ „Good, better, best" Strategie wird verfolgt, Abschöpfen der gesamten Zahlungsbereitschaft der Konsumenten, geringe, aber bedeutende Economies of Scale.
- ○ **Phase 4: Hyper-Segmentierung.**
  - ▪ Evolution der dritten industriellen Revolution, von 1995 bis in die Zukunft hinein.
  - ▪ Massenhafte Anpassung, höchst-individuelle Produkte, Reduzierung der Wertschöpfungstiefe.
    - • One-to-one-Marketing, segment of one.
    - • Individuelle Werbung „precision advertising".
    - • Individuelle Preise „customized pricing".
    - • Individuelle Produkte, zugeschnitten, abgestimmt, maßgeschneidert.
  - ▪ Globalisierung und politische Stabilität öffnen nahezu alle Märkte.
  - ▪ Internet und mobile Devices ermöglichen gezieltes Brand-Marketing, individuelle Kundenansprache und anbieten maßgeschneiderter Produkte.
  - ▪ Smarketing (Vertrieb + Marketing) entsteht ab 1985 zunehmend.
    - → Null-Stufen-Kanal ist Idealvorstellung des Online Marketings.
    - => Nicht digitales Marketing, sondern digitaler Vertrieb, da Absicht des Verkaufens.

- • **Marketing Revolution.**
  - ○ **Zustände in der Corporate Revolution.**
    - ▪ Anbietermarkt, ungesättigte Märkte, Waren wurden verteilt, nicht verkauft.
    - ▪ Inside-Out-Denken, eigene Effizienz erhöhen, nicht um Kundenwünsche gekümmert.
      - • Standardisierung, Maschinenproduktion, Effizienz, geringere Preise, wenig Komplexität.
  - ○ Massenproduktion und Massendistribution haben den Markt gesättigt, neuer Absatz durch Erschließung neuer, ausländischer Märkte sehr schwierig wegen politischer Instabilität und nationalen Hindernissen.
  - ○ **Wandel zur Marketing Revolution.**
    - ▪ Käufermarkt, gesättigte Märkte, Konkurrenz intensiviert sich, Kampf um Kundengruppen.
    - ▪ Outside-In-Denken, Kundenwünsche beachten um sich von Konkurrenz hervorzuheben, Value gegenüber den Kunden schaffen.
      - • Preisdifferenzierung um Zahlungsbereitschaft der Konsumenten „abschöpfen" zu können.
      - • Schaffen einer künstlichen Nachfrage durch Produktdifferenzierung um weiter am Markt bestehen zu können (→ Theorie des intrasektoralen Handels).
        - ○ Produktdifferenzierung (Scope) erhöht Komplexität und Kosten.
  - ○ **Bedeutende Prinzipien**, welche sich in der Marketing Revolution gewandelt haben.
    - ▪ **(1) Wandel von Push- zum Pull-Prinzip.**
      - • **Push-Prinzip**: Produktion bestimmt den Verkauf (vom Anfang der Value Chain (Produktion) wird zum Ende (Vertrieb) gepusht).
      - • **Pull-Prinzip**: Verkauf bestimmt die Produktion (Ende der Value Chain kontrolliert den Anfang) → Marktorientierte Unternehmensführung.
        - => Führung der Unternehmen von den Märkten zu den Märkten hin.
    - ▪ **(2) Wandel von Produkt- zu Kundenorientierung.**
      - • Produktorientierung hebt die Fähigkeiten des Produktes hervor.
      - • Kundenorientierung hebt Vorteile für den Kunden hervor.
        - => Lediglich die Formulierungen ändern sich.
        - → Eingehen auf Wünsche, Bedürfnisse, Erwartungen der Kunden um diese (langfristig) gewinnen zu können.
      - • Besonders wichtig im industrielastigen Deutschland, man muss den Wünschen der Kunden

nachkommen und nicht die Vorteile des eigenen Produktes bewerben → „Köder muss den Fischen schmecken", „Kunde will keinen Bohrer, sondern Loch in Wand".
- **(3) Entstehung des Marketing Managers.**[6]
  - Damals dachte man, dass Marketing herrschende Stelle im Unternehmen werden wird, heutzutage wird Controlling aber immer wichtiger.
  - Marketing Manager wurden sowohl Produkt- als auch Vertriebsmanagern zur Seite gestellt.
    - ◦ Verkörperung des Marketings, bestimmt die Produktion und optimiert den Verkauf.
  - Marketing setzt am Beginn der Value Chain an.
    - ◦ Analyse der Kundenwünsche und Bewerbung der Produkte.

  - Marketing Manager zeigen der Produktion **was** in welcher **Menge wann** produziert werden muss und dem Vertrieb **wann** es **wie welchen** der Kunden angeboten werden soll.
    - ◦ Marketing Manager als „Herz des Marketing" übersetzen Ansichten von Produktion und Vertrieb, damit beide einander verstehen und gibt Richtungen vor.

- ◦ **Trade-off zwischen Produktion und Marketing.**
  - Produktion will standardisieren, Economies of Scale nutzen, Komplexität reduzieren.
    → Fokus auf geringen Kosten, Unternehmensnutzen nach Kotler.
  - Marketing will Produkte differenzieren, welche sich schnell verändern und höchst-persönlich sind, Komplexität erhöhen.
    → Fokus auf individuellen, angepassten Produkten, Kundennutzen nach Kotler.

- ◦ **Trade-off zwischen Vertrieb und Marketing.**[7]
  - Marketing ist Produktmanagement, da alle Kundengruppen verwaltet.
  - Vertrieb ist Kundenmanagement, da alle Produkte für verwaltet.

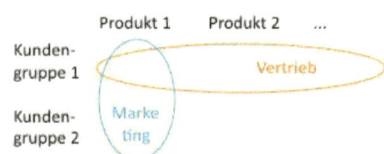

- ◦ Viele Zeitgenossen setzten Unternehmensführung mit Marketing gleich.
  - Marketing = Vertrieb, Design und Pull.

Anbietermarkt bis 1950	Käufermarkt ab 1950 (in DE erst ab 1970)
• Distribution (Verteilung)	• Vertrieb (Verkauf)
• Inside-Out-Denken	• Outside-In-Denken
• Standardisierung	• Produktdifferenzierung
• Ungesättigte Märkte	• Gesättigte Märkte
• Push-Prinzip	• Pull-Prinzip
• Fokus auf den Produkten	• Fokus auf den Kunden
• Günstige Preise	• Bedarfsgerechte Preise
• Vereinheitlichung	• Segmentierung
• Kurzsichtiger Blick aufs Business	• Langfristiger Blick aufs Business

---

6 Selbst erstellte Grafik
7 Selbst erstellte Grafik

- **Strategie von Ford und GM.**
  ○ Ford versucht einen Einheitsmarkt zu beliefern, wegen hoher Nachfrage und geringen Preisen von Ford großer Erfolg, Standardisierung von Produkten, nur ein Auto, Ford T Modell.
  ○ GM hätte keine Chance, da Ford zu große Kundenbasis, geringsten Preis.
    ▪ Strategie von Sloan: „good, better, best".
    ▪ Autos nach Nutzen und Preis aufteilen und anbieten, für jedermann zugänglich machen.
    ▪ Produktdifferenzierung macht Angebote an alle Kundengruppen.
      → „A car for every purse and purpose."
      => „Abschöpfen von Zahlungsbereitschaft aller Konsumenten durch Produktdifferenzierung".

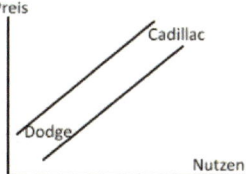

- **Produktdifferenzierung als key element des Marketings.[8]**
  ○ Preisdiskriminierung für den VWLer ist Preisdifferenzierung für den BWLer.
  ○ Demand curve drückt aggregierte Zahlungsbereitschaften (ZB) der Konsumenten aus → Einheitspreis gewinnt alle Kunden mit höherer und gleicher ZB.
  ○ „Verschenken" von Gewinnen durch Konsumentenrente.
    => Strategie von Sloan ermöglicht das Abschöpfen der ZB der Konsumenten.

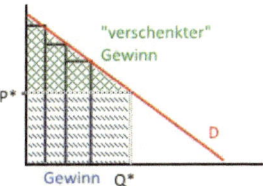

- **Strategy von Pepsi gegen Cola, „Cola Wars".**
  ○ Bis 1950 hatte Coca Cola lediglich zwei Verpackungen, Cola in Dose und 6,5 Unzen-Flasche.
  ○ Cola hat den Markt als Einheitsmarkt gesehen und dominiert mit seiner starken Marke.
  ○ Pepsi hatte keine Chance gegen Cola, hat sich deshalb auf ein einziges, kleines Marktsegment konzentriert, da es den Zeitgeist erkannt hat.
  ○ Pepsi hat umgedacht, alte Welt von neuer getrennt.
  ○ Pepsi spricht neue Generation der 1960er (1968-Revolution) an, erkennt, dass dies ein wachsender Markt ist.

  ○ Jugendliche wollen sich gegen Establishment auflehnen, gegen tradierte Wertvorstellungen der Elterngeneration, Pepsi als Ausdruck der Rebellion vermarktet, mit Erfolg.
    → Pepsi hat sich nicht neuer Generation bedient, hat diese erst gemacht!
    => Marktsegment war die Zukunft und Pepsi konnte Coca Cola (starke) Konkurrenz machen.

- **Strategie von Nylon gemäß des Pull-Prinzips.**
  ○ Du Pont hat Patent auf Herstellung von Nylon, einer Faser, welche Ausgangsmaterial für sehr viele Produkte war.
  ○ Intensive Werbung für Nylon weckte in Konsumenten das Verlangen Nylon haben zu wollen.
  ○ Nachfrage an Nylon wächst, sodass weiterverarbeitendes Gewerbe (Strumpfhosenhersteller, Zahnbürstenhersteller) bei Du Point Nylon einkaufen mussten um auf Kunden reagieren zu können.

> **Unterscheidung**
> market driven = Nachfrage bedienen
> market driving = Nachfrage schaffen

- **Marketing Myopia nach Theodore Levitt.**
  - Kurzsichtiger Blick auf Unternehmenserfolg sollte nicht vorkommen.
  - → Erfolg von heute ist Gegner des Erfolgs von morgen.
  - Wenn Unternehmen nicht auf potentielle Gefahren vorbereitet, dann werden sie untergehen.
  - Frage nach dem eigentlichen Markt, thinking outside the box, **Kundenorientierung**.
  - Bedürfnisse und Wünsche der Zielgruppen betrachten, damit sie ein branchenfremder Anbieter nicht wegnimmt => In what market are you really in?
  - Chancen und Bedrohungen erkennen, in die Zukunft blicken, eigenem Unternehmen Sicherheiten schaffen => „Only the paranoid survive", „who are your true competitors?"
  - Bsp. Größter Konkurrent von American Express ist nicht VISA, sondern das Bargeld.
  - Bsp. Nutzen von Lufthansa ist nicht Personenbeförderung, sondern Kommunikation zwischen internationalen Geschäftsleuten ermöglichen. Skype als Konkurrent zu Lufthansa, da Geschäftsleute einander nicht länger treffen müssen.

- **Klassische Konzepte des Marketing.**
  - Peter Drucker: Geschäft durch die Augen des Kunden sehen, dieser definiert dein business.
  - Kotler: Marketing als Balance zwischen Kundennutzen und Unternehmensnutzen.
    - Definition von Marketing: Meeting needs profitably.
    - Konsumenten wollen immer alles am billigsten, Unternehmen wollen hohe Gewinne erzielen. => Balance aus „Value for Money" und „Money for Value" finden *(siehe oben Trade-off zwischen Marketing und Produktion)*

- **Aufgaben des Marketing.**
  - (a) Analyse des Umfelds, des Kontext (CCC und PESTEL).
  - (b) Marketing Strategie entwickeln (STP).
  - (c) Marketing-Mix (Vier P's).
  - (d) Marketing Plan.

- **(a) Analyse des Umfelds.**
  - **CCC-Analyse des Umfelds.**
    - Company: Was kann das Unternehmen, Chancen, Bedrohungen, Optimierung.
    - Competitors: Wer ist mein Konkurrent, Strategien der Konkurrenten, beobachten, vorsichtig sein.
    - Customer: Nachfragestruktur, Trends, Bedürfnisse.
  - **PESTEL Analyse des Kontext.**
    - Political context, economic context, social context, technological context, environmental context, legal context.

- **(b) STP Marketing Strategie.**
  - **Segmentation**: Markt in Segmente unterteilen, welche will ich ansprechen, welche Bedürfnisse kann ich wecken, wo ist eine unerfüllte Nachfrage, was ist der zukünftige Markt.
  - **Targeting**: Wen will ich erreichen, welche Bedürfnisse ansprechen, priorisieren, nicht versuchen „everyones darling" zu sein.
  - **Positioning**: Abgrenzbarkeit zu Wettbewerbern, UPS schaffen, verteidigen, ausbauen.

- **(c) Marketing Mix – Die Vier P's nach McCarthy.** '
  - Kombination aus vier verschiedenen Marketinginstrumenten.
    - Produktpolitik, Preispolitik, Kommunikationspolitik und Distributionspolitik.
    - Product, Price, Promotion, Place.
  - Bei Kombination auf Spannungen / Widersprüche achten und entsprechend vermeiden.

- Luxusmarke (product) nicht mit Sonderangeboten und Rabatten anbieten (price).
- Produkte entsprechend der Zielgruppe vermarkten, keine Zeitungsanzeigen wenn Zielgruppe Jugendliche sind.
  - Einzelne Marketinginstrumente sind nicht immer einfach zu trennen und ergänzen einander.
  - **(i) Produktpolitik.**
- Befasst sich mit den Produkten, welche das Unternehmen anbieten soll, sowie der Ausgestaltung derer.
  - Qualität, Funktionen, Design, Markenname, Markenstrategie, Varianten, Verpackung, Serviceangebote, Breite (Produktarten) und Tiefe (Variationen) des Produktprogramms.
- Produktdifferenzierung (neue, ähnliche Produkte) vs. Produktvariation (gleiche Produkte mit minimalen Verbesserungen oder optischen Unterschieden).
  - **(ii) Preispolitik.**
- Befasst sich mit der Frage des Preises der angebotenen Produkte / Dienstleistungen.
- Preisstrategien orientieren sich am Preis-Leistungs-Verhältnis und bieten oft verschiedene Leistungsumfänge an (Standard, Premium).
- Preispolitische Entscheidungen wandeln sich mit der Zeit, bedingt durch die Konkurrenz oder den Produktlebenszyklus.
- Hochpreisstrategie (Apple), Niedrigpreisstrategie (Lidl), Penetrationsstrategie (Amazon, zuerst niedriger Preis um Marktanteile zu bekommen und dann Preissteigerung).
- **Preisdifferenzierung.**
  - **(I) Räumliche Preisdifferenzierung.**
    - Benzinpreise in ganz Deutschland sind nicht einheitlich, sondern an regionale Kaufkraft angepasst.
    - Bei beweglichen Gütern wird diese Preisdifferenzierung nicht angewandt, da man mittels Internet u.ä. die räumliche Differenz leicht umgehen kann.
  - **(II) Zeitliche Preisdifferenzierung.**
    - Frühbucherrabatte, Last-Minute-Käufe, Sommerschlussverkauf, Happy Hour.
  - **(III) Personale Preisdifferenzierung.**
    - Studentenrabatte, Schüler-Monatskarten, günstige Versicherungen für Beamte.
  - **(IV) Mengenmäßige Preisdifferenzierung** (Mengenrabatte).
  - **(V) Preisdifferenzierung gemäß des Absatzweges.**
    - Bier beim Discounter kostet weniger als im Fachhandel mit anderer Verpackung.
  - **(VI) Sachliche Produktdifferenzierung** (Spiritus billiger als Wodka).
  - **(VII) Leistungsbezogene Produktdifferenzierung.**
    - Unterschiedliche Leistungspakete mit nahezu gleichem Inhalt werden zu unterschiedlich hohen Preisen angeboten (Gold-, Silber- und Bronzekreditkarten).
- **Skimming Strategie // Abschöpfungsstrategie.**
  - Unternehmen verlangt bei Produkteinführung hohe Preise und senkt diese im Lauf der Zeit.
  - „Abschöpfung" derjenigen Kunden, welche z.B. ein neues technisches Produkt unbedingt als erstes besitzen möchten und dementsprechend viel Geld dafür auszugeben bereit sind.
    - Anschließend werden die Preise gesenkt, sodass die Zielgruppe erweitert wird.
  - **(iii) Kommunikationspolitik.**
- Klassische Werbung (sichtbar, „above the line") über etablierte Medien (TV, Radio, Zeitung).
- Digitale Werbung (unsichtbar, „below the line") über Guerillia Marketing, virales Marketing, Direktmarketing, Product Placement.
  - **(iv) Distributionspolitik.**
- Befasst sich mit dem Vertriebs der Produkte, also wie die hergestellten Produkte zu den Kunden kommen sollen.
- Dafür müssen Entscheidungen getroffen werden über
  - **Absatzweg** (direkt oder indirekt).

- **Absatzorgane / Distributionsorgane** (eigene Filialen, Franchisenehmer, Handelsgewerbe).
- **Distributionslogistik** (Verfügbarkeitsniveau (überall, nur in Großstädten), Anzahl der Verkaufsstellen, Anzahl der Lagerhallen).
  - Null-Stufen, Ein-stufiger oder Mehrstufiger Absatzkanal (= ***Multi-Chanel-Marketing***).
- Bei Mehrstufigen Absatzkanälen soll customer experience immer gleich sein.
  → ***Omni-Chanel-Marketing***.

- **(e) Marketingplan.**
  ○ Gefahren, welcher Strategieumsetzung gegenüberstehen beseitigen / umgehen.
  ○ Meilensteine aufstellen um Erfolg messen zu können.
  ○ Budget festlegen und am Erfolg bemessen.

- Weiterentwicklung des Modells der 4P: **Modell der 7P nach Magarath.**
  ○ 4P + Personell, Physical facilities, Process Management.

- **Verhältnis von Vertrieb und Marketing.**
  ○ Vertrieb wird als Teil des Marketing angesehen, innerhalb der Firmen aber als Teil des Vertriebs behandelt.

- **Sich im Laufe der Zeit wandelnde Marketingdefinition.**
  ○ Bis 1985: Marketing gibt Güterfluss eine klare Richtung und lenkt Distribution.
  ○ Bis 2004: Marketing nutzt die 4P's um individuelle Bedürfnisse zu erfüllen.
  ○ Bis 2006: Marketing soll Value zum Kunden aufbauen und managet die Kundenbeziehungen.
  ○ Ab 2007: Marketing als Prozess, welcher sich 4P's bedient um Güter / Dienstleistungen anzubieten, welche Value für viele Kundengruppen haben.

- **Theoretische Grundlagen der Marketingstrategie.**
  ○ (a) Allgemeines: Wettbewerbsstruktur, Marktmacht und Gewinnerzielung.
  ○ (b) Wettbewerbsdynamik und äußere Gefahren: Schumpeter, Marketing Myopia, Blue Oceans.
  ○ (c) Pfadabhängigkeit und innere Effizienz: ressourcenorientierter Ansatz.
  ○ (d) Dynamische Lernprozesse: Kompetenzbasiertes Management.
  ○ (e) Einordnung strategischer Konzepte.

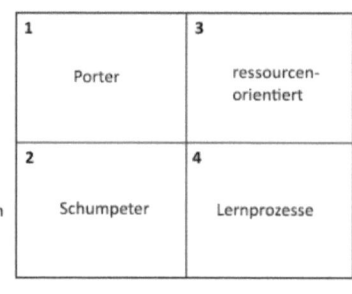

- **(a) Allgemeines.**
- **Zwei Werke für welche Porter bekannt ist.**
  ○ **(i) 3 Generische Wettbewerbsstrategien.**
    - **Kostenführerschaft** ist ein Wettbewerbsvorteil für breit vertretende Unternehmen.
    - Unternehmen nutzen Kostensekungseffekte (Economies of Scale) und produzieren auf Masse um die Konkurrenz zu unterbieten.
      ○ Qualität wird nicht beachtet, entspricht meist der durchschnittlichen auf dem Markt.
    - **Differenzierungsstrategie** setzt auf die Stärke der Marke.
    - Produkte mit besonders hohem, spezifischem Nutzen erlangen Wertschätzung der Kunden.
    - Investitionen in einzigartige Produkte (Innovationen) oder Dienstleistungen (freundlicher Kundenservice) müssen regelmäßig stattfinden und hohen Standards entsprechen um das

Geschäftsmodell aufrecht zu halten → **Unique Selling Proposition (USP).**
- **Nischenstrategie** konzentriert sich nicht auf den gesamten Markt, nur auf ein Segment.
  - In einer kleinen Region oder einem Abnehmerkreis können dann sowohl die *Differenzierungsstrategie* als auch die *Kostenführerschaft* verfolgt werden.
  => Porter benennt einen Mittelweg beider Strategien – außer in einem kleinen Bereich des Marktes – als weniger erfolgreich als das Verfolgen eines Ziels.
- **Kosten-Nutzen-Rechnung der ersten beiden Strategien.**
  - Differenzierung: Höherer Nutzen bei gleichen Kosten.
  - Kostenführerschaft: Geringere Kosten bei gleichem Nutzen.
    → C * V des eigenen Unternehmens muss höher sein als bei Konkurrenz.
  ○ **(ii) Wertekette nach Porter.**
    - (1) *Primäre* Aktivitäten: Eingangslogistik, Operationen, Marketing und Vertrieb, Ausgangslogistik und Kundendienst.
    - (2) *Unterstützende* Aktivitäten: Unternehmensinfrastruktur, Personalwirtschaft, Beschaffung, Technologieentwicklung.
      → Um Gewinnspanne zu maximieren, müssen entweder Kosten gesenkt oder Absatz erhöht werden.

- **Porter**: Erster BWLer, der VWL-Modelle in die BWL eingeführt hat.
  ○ VWL Modelle versuchen das Optimum zu berechnen, BWL sucht nach Fehlern in diesen Annahmen um eigenen Nutzen daraus schlagen zu können.
  ○ Innovationen, Marketing und Co. sollen idealen Wettbewerb verhindern.

- **Grundlegende Gewinnhebel.**
  ○ 4 grundlegende Aufgaben der Unternehmensführung: Kostenmanagement, Preise durchsetzen, Nutzen bewerben, Innovation.
  - **Innovationen** schaffen ein gewisses true value.
    - Kunden kennen dieses true value nicht, deshalb liegt deren WTP darunter.
  - **Marketing** bewirbt Innovation, sodass WTP möglichst nahe am true value liegt.
  - **Durchgesetzter Preis** muss unter der WTP liegen, damit Kunde dem Unternehmen ein höheres Value beimisst (→ hohe Konsumentenrente als Ziel).
  - Um Gewinne zu maximieren müssen **Kosten reduziert** werden.

- **Monopolstellung.**
  ○ WTP eines Konsumenten hängt von Knappheit der Ressourcen ab.
  ○ Unternehmen sind bemüht eine Monopolstellung durch USP aufzubauen, damit sie vom Preisnehmer zum Preissetzer werden können.
  ○ **Drei Arten von Anbieter Monopolmacht.**

• „Bester" → Differenzierung	• „Einziger" → Verfügbarkeit	• „Erster" → Zugang
• **Qualitätsmonopol** durch Markenmanagement	• **Quantitätsmonopol** durch Kapazitätenmanagement	• **Zugangsmonopol** durch Vertriebskanalmanagement

  => Marketing will (kleine) Monopole schaffen.
  ○ Fehlerhafte Annahmen, welche sich der Unternehmer zu Nutzen macht.
    - (1) Keine Markteintrittsbarrieren: Starke Marken, geringe Preise und breite Kundenbasis schaffen Eintrittsbarrieren.
    - (2) Vollständige Transparenz: Gewinne durch lokales Monopol, Wahrnehmungsbeeinflussung der Qualität.
    - (3) Keine Wechselbarrieren: Abhängigkeit erhöhen, Markennutzen aufbauen, emotionale Bindung sodass Wechsel für Kunden zu nachteilig.

- **Segmentierung.**
  - Erreichen einer Monopolstellung indem man Markt in immer kleinere Einheiten aufspaltet und schließlich ein Segment findet, dessen Bedarf noch nicht vollständig gedeckt ist.
  - First-Mover-Advantage in diesem Segment gewährt Sicherheit und erlaubt Expansion in andere Segmente zu gegebener Zeit.
    - → Idealerweise ist anfängliches Marktsegment ein rasant wachsendes.

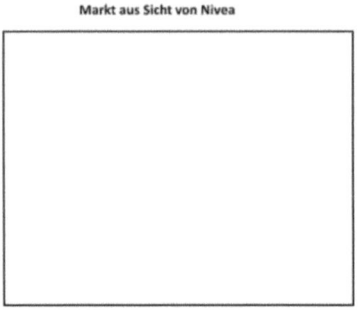

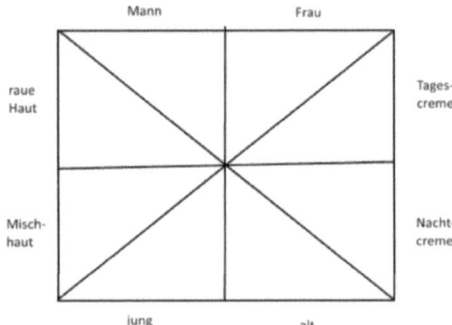

  - Einteilung des Marktes erfolgt individuell, so weit man möchte, Suche nach Gemeinsamkeiten in Kundenverhalten und Gruppierung dieser in ein Segment.
    - Muss sich ein Segment mit anderen Waren zufrieden geben, da eigener Bedarf noch nicht gestillt, dann Marktlücke entdeckt (market driven).
    - Kann man aus Verhalten ableiten, dass Bedürfnisse auf ein bestimmtes Produkt geweckt werden kann, dann erschafft man sich ein Marktsegment (market driving).
  - **Zwei Arten von Produktdifferenzierung.**
    - Preise spalten (good, better, best- Strategy).
    - Von Wettbewerbern abgrenzen (Value gegenüber dem Kunden erhöhen).

- **(b) Wettbewerbsdynamik und äußere Gefahren.**

- **Schumpeter über den Kapitalismus.**
  - Vollkommene Konkurrenz nichts Wünschenswertes.
  - Jeder Produzent / Händler besitzt sein eigenes Marktsegment, in welchem er eine Monopolstellung genießt.
  - Urfaktum des Kapitalismus ist das Abweichen von Gleichgewichten.
  - Schöpferische Zerstörung / Disruption prägt eine Volkswirtschaft, da nichts Neues entstehen kann, wenn das Alte nicht vergeht.
  - Christensen: Das „Schlechtere" macht dem „Besseren" Konkurrenz.
    - Wii hatte schlechtere Grafik als etablierte PS und xBox, sprach aber neue Zielgruppe an.
      - → Wii hat neuen Markt geschaffen, da auf Bedürfnisse der Kunden reagiert und deshalb etablierte Spielekonsolen verdrängt, da deren voriger Markt aufgelöst wurde.

- **Hyper-Competition nach D'Aveni.**
  - Ständige Veränderungen der Technologie und neue Wettbewerber „stabilisieren Ungleichgewichte" im Markt.
    - → Idee des volkswirtschaftlichen Gleichgewichts nicht realistisch.
  - Suche nach kurzfristigen Wettbewerbsvorteilen dominiert den Markt.

- Betreten eines neuen Marktes, First-Mover-Advantage ausnutzen und ehe Markt durch Konkurrenten aufgelöst wird, betritt man einen neuen.
  => Create a series of unsustainable advantages.
- **Blue and Red Ocean Strategie nach Kim und Mauborgne.**
  - Im Red Ocean befinden sich alle, deshalb Suche nach dem Blue Ocean geraten um langfristig Gewinne machen zu können.
  - **Red Ocean**: Konkurrenten sind Haie und diese zerfleischen sich selbst, da Ocean zu klein.
    - Market driven, intensive Konkurrenz, Wettbewerbsvorteile ausbauen und nutzen, Differenzierung oder Kostenführerschaft.
  - **Blue Ocean**: Keine Konkurrenten, First-Mover, deshalb Ocean noch klar.
    - Market driving, Märkte und Nachfrage neu erfinden, Konkurrenz ausweichen, Differenzierungsstrategie und Kostenführerschaft.
  - **Weg in den Blue Ocean.**
    - Gezielt wichtige Merkmale gegenüber dem Branchenstandard **anheben**.
    - **Entwicklung** spezieller Merkmale, welche in der Branche bisher nicht geboten werden.
    - Fokussierung auf das Wichtige, deshalb **Reduktion** der Ausprägung einiger Merkmale oder sogar vollständige **Eliminierung**.

- **Strategie des Cirque du Solei.**
  - Merkmale ausgebaut: Einzigartiges Erlebnis schaffen.
  - Neue Merkmale eingebaut: Musik, Tanz, Thematik.
  - Reduziert: Spaß und Humor, Gefahr und Spannung.
  - Eliminiert: Tiershows, Star Künstler.
  => Anstatt immer besser als die Konkurrenz werden zu wollen, hat Solei ein völlig neues Zirkuserlebnis geschaffen, sich somit in ein neues Terrain begeben und genießt nun die Folgen des First-Mover-Advantage → Neue Formen der Differenzierung geschaffen.

- **(c) Pfadabhängigkeit und innere Effizienz.**

- **Ressourcenorientierter Ansatz nach Justus von Liebig**
  - Wurzel der Effizienz liegt in ungleicher Verteilung / Ausstattung mit (knappen) Ressourcen oder Produktionsfaktoren.
    - Pflanzen wachsen nur, wenn alle Faktoren vorhanden, wenn auch nur ein kleiner, unbedeutender Nährstoff fehlt, dann wächst die Pflanze kaum.
  - Ressourcenausstattung führt z.B. zu höherer Produktivität, Profitabilität, besserer Kundenservice und somit zu Erfolg → Quelle von Wettbewerbsvorteilen sind Ressourcen.
  - **Pfadabhängigkeit.**
    - Entwicklung / Zugang zu Ressourcen hängt von Entscheidungen / beschrittenen Entwicklungspfaden in der Vergangenheit ab.
      - Assets wie Investitionen in Economies of Scale oder Infrastruktur.
      - Capabilities wie angehäuftes Wissen, Flexibilität oder komplexes Bündel an Fähigkeiten.

- **Resource-Advantage-Theory nach Morgan und Hunt.**
  - Beständiger Kampf um Zugang zu Ressourcen um den „comparative resource advantage" zu erhalten.
  - Mit diesem kann man sich positionieren und erhält Wettbewerbsvorteile.
  - Wettbewerbsvorteile führen zu höherer Qualität oder günstigeren Preisen.

- **(d) Dynamischer Lernprozess nach Hamel und Prahalad.**
  - Unternehmen müssen ständig neue Sachen lernen um sich Wettbewerbsvorteile aufzubauen und auf sich verändernde Umweltbedingungen reagieren zu können.

- **(e) Einordnung der strategischen Konzepte.**
  - Unternehmensführung muss Gegensätze verbinden (**Ambidexterity**).
    - Exploitation (alte Wettbewerbsvorteile ausnutzen) vs. Exploration (neue suchen).
      → Stabilisierung vs. Veränderung.